Maredsous
1932

Tassin, Dom René-Prosper - Berlière, Dom Ursmer

Nouveau supplément à l'histoire littéraire de la congrégation de Saint-Maur

Additions. Anonymes. Index

Tome 3

NOUVEAU SUPPLÉMENT

A

l'Histoire Littéraire

DE LA

Congrégation de Saint-Maur

NOTES DE HENRY WILHELM

PUBLIÉES ET COMPLÉTÉES PAR

Dom URSMER BERLIÈRE, O. S. B.

AVEC LA COLLABORATION DE

D. ANTOINE DUBOURG, O. S. B.

TOME TROISIÈME

Additions - Anonymes - Index

MAREDSOUS | GEMBLOUX
ABBAYE DE SAINT-BENOIT | J. DUCULOT, ÉDITEUR
1932

NOUVEAU SUPPLÉMENT

A L'HISTOIRE LITTÉRAIRE

DE LA

CONGRÉGATION DE SAINT-MAUR

NOUVEAU SUPPLÉMENT

A

l'Histoire Littéraire

DE LA

Congrégation de Saint-Maur

NOTES DE HENRY WILHELM

PUBLIÉES ET COMPLÉTÉES PAR

Dom URSMER BERLIÈRE O. S. B.

AVEC LA COLLABORATION DE

D. ANTOINE DUBOURG O. S. B.

TOME TROISIÈME

Additions - Anonymes - Index

MAREDSOUS   GEMBLOUX
ABBAYE DE SAINT-BENOIT   J. DUCULOT, ÉDITEUR
1932

ADDITIONS

A

ACHERY (Luc d').

[L'*Indiculus asceticorum* publié en 1648, réédité par D. Jacques Remi en 1671, eut une 3e édition à Madrid en 1776. Le *Dictionnaire d'ascétisme* de Migne (t. II, col. 1467-1503) donne la traduction française de l'édition de 1671 sans indication du nom de D. d'Achery (*Revue Mabillon*, VII, p. 15, n. 2).

Ses « Remarques sur D. Tarisse » ont été publiées par H. Stein (*Mélanges Mabillon*, p. 49-89).

Correspondance (Coll. de Picardie, vol. 164, ff. 203 suiv. ; LAUER, II, 143) ; vol. 175, f. 35 ; LAUER, II, 147).

Brouillons de lettres à M. Hersant et à l'évêque de Beauvais, 1676-1677 (*Ib.*, vol. 256 ; LAUER, II, 171).

Lettres à Baluze, 1669, 1673, 1674(Coll. Baluze, vol. 173, f. 307 ; *Catal.*, 331) ; vol. 359, f. 130 ; *Catal.*, 407) ; — lettre de Baluze, impr. 8° (*ib.*, vol. 110, f. 360 ; *Catal.*, 109).

Lettre du 20 mai 1648 au chapitre général de Vendôme sur les études (*Revue Mabillon*, VI, 1910, p. 145-150).

Notes au sujet des publications à entreprendre (*Ib.*, VII, 1911, p. 169-171).

Lettre de D. Maur Benetot, 21 juin 1651 (Coll. de Picardie, vol. 129, f. 587 ; LAUER, II, 157).

Lettre de D. Placide Bertheau, 31 mai 1655 (Coll. de Picardie, vol. 199, f. 21 ; LAUER, II, 152.)

Lettres de D. Paul Bonnefons et de Du Cange, 1658-1688 (Coll. de Picardie, vol. 159 ; LAUER, II, 141).

Lettre de D. Emilien de la Bigne, 1649 (Coll. de Picardie, vol. 163, p. 75 ; LAUER, II, 142).

Lettre de Detterman ? 1655 (Coll. de Picardie, vol. 199, f. 225 ; LAUER, II, 152).

Neuf lettres de D. Benoît Van Haeften, prévôt de l'abbaye d'Affighem à D. d'Achery, 1642-1648 (BERLIÈRE, *Lettres des moines d'Affighem aux Bénédictins de St-Maur*, 1642-1672 (*Annales de l'Acad. royale d'archéol. de Belgique*, LXV, 1913, p. 123-125, 131-

141) ; — Lettre de d'Achery au même du 18 avril 1644 (p. 129-131) ;
orig. aux archives de l'abbaye d'Afflighem, Collectio epistolarum
I, p. 3-4 ; — 28 lettres de D. Odon Cambier, bénédictin d'Afflighem,
à d'Achery, 1644-1650 (BERLIÈRE, p. 141-164, 167-184, 186-210) ; —
Lettre de l'oratorien Jean-Antoine de Gurnez à d'Achery du 1er
juillet 1645 (*ib.*, 165-166) ; — Huit lettres de D. Robert Estrix,
prévôt d'Afflighem, au même, 1652-1656 (*ib.*, 211-221).

Lettre de D. François La Cheze, prieur de St-Quentin en l'Isle,
du 24 juillet 1682 (GOMART, *St-Quentin-en-l'Isle*, 325-328).

Lettres du cistercien D. de Lannoy à D. d'Achery (*Revue Mabillon*,
III, 1907, p. 225-238, 341-356 ; IV, 1908, p. 485-497 ; VIII, 1912,
p. 311-325 ; IX, 1913, p. 19-32, 157-186, 216-241, 360-372).

Lettre de Mabillon à D. du 25 août 1672 (*Ib.*, IV, 9-11).

Correspondance avec D. Marsolle (*Revue bénéd.*, XXVIII, 1911,
p. 396, 399, 402-404).

Lettre à D. Cyprien Richard, prieur de St-Vincent de Laon,
2 nov. 1645 (*Revue Mabillon*, XIX, 1929, 337-338).

Lettre de Souchet à d'Achery (Abbé CLERVAL, dans *Procès-
Verbaux de la Soc. archéol. d'Eure-et-Loir*, VIII, 1892, p. 42).]

* Autographe (H. STEIN, *Album d'autographes de savants et
érudits*, Paris, 1907, pl. XX)*

[Vie de d'Achery par Mabillon (Coll. de Picardie, vol. 150, f. 114 ;
LAUER, II, 135).

Voir DELISLE, *Catal. des Actes de Philippe-Aug.*, XXXVII ;
FRANKLIN, I, 111, 112, 125-130, 132 ; GOMART, *L'abbaye de St-
Quentin-en-l'Isle*, 361-363.]

ADAM (Callixte).

[Lettres adressées à ce religieux de Reims en 1643 (*Travaux de
l'Acad. de Reims* XCVII, 322-324) ; — lettre de D. Adam à D.
Oudard Bourgeois du 23 décembre 1648 (*ib.*, 333-335) ; — lettre
à D. Cyprien Richard, prieur de St-Vincent de Laon, 24 sept. 1645
(*Revue Mabillon*, XIX, 327).]

ALAYDON (J.-B.).

[D. PAUL DENIS, *Dom J. B. Alaydon (de Rethel)*, 12e supérieur
général de la Cong. de St-Maur, 1671-1733 (*Revue histor. Ardennaise*,
XVI, 1909 p. 5-50, avec portrait) ; du même, *Le cardinal de Fleury,
Dom Alaydon et Dom Thuillier*. Documents inédits sur l'histoire

du jansénisme dans la Cong. de St-Maur, 1726-1730 (*Revue bénéd.*, XXVI, 1909, p. 325-370).

Lettres à D. Ruinart des 12 janvier, 20 avril 1708, 3 et 26 juillet 1709 (*Revue hist. ardennaise*, XVI, 1909, p. 9-13); — à Montfaucon du 11 août 1727 (*ib.*, 20-21) ; — au card. de Fleury (*ib.*, 24-25).

Voir PERREAU, 6, 21, 36, 46, 47, 52, 58, 64, 67, 70-85, 88, 121 ; JORDAN, *Hist. d'un voyage litt. fait en 1733*, 69.]

ALEXANDRE (Jacques).

Voir SOMMERVOGEL, I, 618.

AMÉ (Antoine-Remy).

[Lettre à Bucquet relative à la translation, faite par Bossuet à l'abbaye de St-Lucien de Beauvais, d'une partie de reliques de S. Jean-Baptiste [1770] (V. LEBLOND, *Invent. sommaire de la Coll. Bucquet-aux-Cousteaux*, Paris, 1907, p. 286).]

AMIENS (Jacques).

Voir MORTIER, *Flavigny*, 213.

ANCEAUME (François).

[Correspondance pour l'édition de S. Augustin (KUKULA, III, 1, p. 43-44 ; III, 2, p. 23).

La lettre du 16 juillet 1695 à Mabillon a été publiée par D. Paul Denis (*Revue Mabillon*, V, nov. 1909, p. 285-288.)

Voir PERREAU, 4, 19, 23-25, 33, 45, 46, 51, 67.]

ANNE (Nicolas).

[Sur la lettre à Le Scellier (1699), voir V. LEBLOND, *Inventaire sommaire de la Collection Bucquet-aux-Cousteaux*, Paris, 1907, p. 283 ; sur une autre d'avril 1702 (*ib.*, 284-285)].

ANSART (André-Joseph).

[*L'Esprit de S. Vincent de Paul*, Lyon, 1827, 2 vol. 12°.

Les *Aventures du chevalier de Lorémi* constituent une autobiographie correspondant aux données que D. A. a fournies dans son factum contre D. Gillot, supérieur-général de la Congrégation, lorsqu'il voulut en 1776 passer dans l'ordre de Malte.

Il a traduit le *Manuel des supérieurs ecclésiastiques et réguliers*
du P. Aquaviva. Paris, Nyon, 1776, 12ᵒ (SOMMERVOGEL, I, 481).]

ANTHEAUME (Antoine).

[Lettre à Foy de St-Hilaire, du 11 juin 1700 (D. PAUL DENIS,
Lettres autogr. de la Coll. de Troussures. Paris 1912, p. 326-328).
Lettre à D. Luc d'Achery, datée de La Daurade 11 avril 1655
(*Revue hist. de Toulouse*, I, 1914, p. 226-228).]

AUBERT (Bernard).

[Correspondance avec Gaignières, St-Père de Chartres, 1697
(*Revue Mabillon*, X, 1920, 25-26).

AUBERT (Bonaventure).

Voir LE CERF, *H. C.*, 212, 267-268 ; PERREAU, 74, 77-78.

AUBIN (Jean-Charles-Joseph).

[Né à St-Omer en 1747, élève du collège de St-Bertin, profès à
Jumièges, âgé de 18 ans, le 9 juillet 1765, bibliothécaire de St-
Omer en 1804, y décédé le 5 septembre 1829 (O. BLED, *Les origines
de la bibliothèque de St-Omer* dans *Mém. de la Soc. des Antiq. de
Picardie*, t. XXXI, 1912-1913, p. 208-217).]

AUBRÉE (Guillaume).

[Voir E. CHAMPEAUX, *Ordonnances franc-comtoises sur l'administration de la justice* (1343-1477). Dijon, 1912, p. XVI-XXVI ;
E. PETIT, *Hist. des ducs de Bourgogne de la race capétienne*. Dijon,
1885, I, 40 ; PERREAU, 42 ; *Polybiblion*, août 1912, p. 187).]

AUDEBERT (Bernard).

[Le Ms. fr. 17672 qui porte à tort le titre de « Chroniques de la
Cong de St-Maur, 1642-1654 » renferme les « Mémoires du R. P.
Dom Bernard Audebert ». Ces mémoires ont été publiés par D.
LÉON GUILLOREAU, *Les Mémoires du R. P. Dom Bernard Audebert,
estant prieur de St-Denis et depuis assistant du R. P. Général (Archives de la France monastique*, XI). Paris, Jouve, 1911, 8ᵒ, XVI-
333 pp.

Circulaires du 17 décembre 1664 pour les études (Arch. nat. Paris L. 816 ; *Revue Mabillon*, VI, 1910, p. 151-156) et du 20 juin 1671 *(ib.*, VII, III, 173) ; — circulaire pour l'édition de S. Augustin, 17 octobre 1670 (KUKULA, III, 1, p. 2-3).

Correspondance (Coll. de Picardie, vol. 72 ; LAUER, II, 87 ; vol. 211 ; LAUER, II, 154).

M. Bertrand a publié, d'après le ms. lat 12667, f. 163 et suiv. de la Bibl. Nat. de Paris, une lettre de Jean Besly à D. Audebert du 25 avril 1636 *(Mélanges de biographie et d'histoire*. Bordeaux, Feret, 1885, 578-580) et une autre du P. François de la Vie, S. J., au même, du 14 janvier 1637 *(ib.*, 581-583*)*.

Lettre du P. François du S. Sacrement O. Carm., 27 avril 1672 (LOT, *Hariulf, Chron. de l'abbaye de St-Riquier*, Paris 1894, p. 289).]

AUDREN (Maur).

[Lettres à D. Jean Gelé de 1707 *(Revue bénéd.*, XXVIII, 1911, p. 44), du 1er janvier 1708 *(ib.*, 46-47), à D. Bern. de Montfaucon du 21 juillet 1717 *(ib.*, 52-54).

Lettre à Baluze (Coll. Baluze, vol. 211, f. 158 ; *Catal.*, 259).

AUZIÈRES (Pierre).

Voir PERREAU, 23 ; *Revue Mabillon*, V, 1909, p. 42, 47, 49.

AVRIL (Joseph).

Voir PERREAU, 75, 120.

B

BAILLY (Nicolas).

* Né à Nantes, profès à Bourgueil, âgé de 21 ans, le 11 septembre 1737, mort à Marmoutier, sous-diacre, le 7 octobre 1781 *(Matricule)*. Voir la notice sur D. Jean Le Saint (t. I, p. 374). *

BALLIVET (Jean).

* M. Fr. Rousseau, dans son article : *Essai sur la réforme érémitique en Bourgogne au temps de Louis XIV (Revue des quest. histor.*

t. CI, 1924, pp. 134-151) a utilisé la vie manuscrite du P. Chevreteau, ermite de Montbard, par D. J. Ballivet. * — Voir *Bull. Soc. Antiq. France*, 1910, p. 238.

BARBIER (Alexandre).

[Dernier prieur d'Evron ; sur son portrait, v. *Revue Mabillon*, IX, 1913-14, 293].

BARRÉ (Jean).

[Lettres de D. Barré sur S. Lucien martyr, et sur les droits de quelques évêques de Beauvais, comtes palatins, 1752 (V. LEBLOND, *Invent. sommaire de la Coll. Bucquet*. Paris, 1907, p. 286).

Lettre du cardinal de Furstenberg, 20 juillet 1698. (*Cat. gén. mss., Dép.*, XXXIXbis, p. 295).]

BASTIDE (Philippe).

Mémoire contre Mabillon par D. Philippe Bastide 1677 (Bibl. nat. Paris, n. a. fr. 21198 ; OMONT, *Catal. nouv. acq. fr.*, IV, 267 ; *Bibl. Ecole chartes*, LXX, 1909, p. 53 ; voir *Revue Mabillon*, VI, 1910, p. 4).

Le mémoire publié par L. Delisle (*Mélanges Mabillon*, p. 96-101) n'est pas de D. Bastide, mais de D. Mège (voir *Revue Mabillon*, VI, 1910, p. 6, note 1).

Travaux sur St-Valery (*Moyen-Age*, XXII, 1909, p. 188).

On a de lui : *Dissertatio de advocatis defensoribus et vice dominis vulgo advoués, défenseurs et vidames*, 1654 (Bibl. nat., Coll. de Picardie, vol. 78 ; LAUER, II, 114).

Lettres à D. Anselme de La Rocque du 28 février 1679 (*Revue Mabillon*, VI, 1910, p. 55-58); à D. Vincent Marsolle du 2 mai 1679 (*ib.*, p. 59-64).].

BAUDRY (Thomas).

* Né, non à Maussigny, mais à Parigny-l'Evêque ; v. deux lettres de D. Colomban Regnier à D. Th. Baudry (DOUAIS, *L'arrivée des Bénédictins de St-Maur à St-Savin de Lavedan*. Paris, 1890, p. 17-21, 27).

Voir MARTÈNE. *Hist. Cong. St-Maur*, I, 269-272.*

BEDOS DE CELLES (Jean-François).

[Lettre écrite à ce religieux par Pierre Dupré, curé de St-Germain-la-Virvée, le 9 octobre 1769 sur la translation d'une relique de S. Romain (L. BERTRAND, *Mélanges de biographie et d'histoire*. Bordeaux, 1885, 542-547)].
 * *La Gnomonique pratique*. 2e éd. Delalain, 1774, 8° ; Paris, Jombert, 1780, 8° (CUMIN, *Bullet mensuel*, 382 bis, n. 220). *
 [Sur les orgues de la cathédrale de Beziers, v. *Noiv. Revue du Midi*, 1926, p. 344-347).
 Aux facteurs d'orgues de la congrégation de St-Maur on peut ajouter les noms du commis Jean Brouard et du convers François-Nicolas Duval, qui exécutèrent en 1705 celles de Saint-Malo (C. RIÉGER, *Histoire du monastère de St-Benoît situé en la ville de St-Malo*. St-Servan, 1909, p. 70).]

BEAUGENDRE (Antoine).

Voir FRANKLIN, I, 112, 125.

BEDOSCH, BEDOUCHE (Jean).

Voir PERREAU, 88.

BELLAIZE (Julien).

[Lettre s. adresse écrite de Fécamp le 2 mars 1677 (KUKULA, III, 1, p. 36 ; III, 2, p. 26).]
 * Lettre de Pierre-Daniel à D. Jul. Bellaize, du 10 janvier 1707 *(Documents d'histoire*, juin 1911, p. 212-214). *

BÉNARD (Laurent).

[Lettre aux supérieurs de la Congrégation de St-Vanne, 1613 (Bibl. nat. ms. fr. 17669, p. 17 ; *Revue Mabillon*, VI, 1910, p. 135).
 Voir MARTÈNE, *Hist. Cong. S. Maur*, I, 80-90].

BÉRAL (Claude).

[Lettre à D. Mabillon du 19 avril 1704 *(Bull. Soc. Antiq. France*, 1882, 204-207)].

BERTHEAU (Placide).

[Lettres autographes (Coll. de Picardie, 19, f. 1 et suiv. ; LAUER, II, 84).

Mémoires pour servir à l'histoire de Compiègne *(ib.,* 19, f. 75 ;
LAUER, II, 85).

Histoire civile et ecclésiastique de Compiègne, 1654 *(ib.,* f. 117 ;
LAUER, l. c.)

Notes et brouillons *(ib.,* vol. 20 ; LAUER, l. c.).

Notes sur les rues, monuments, etc. *(ib.,* vol. 21 ; LAUER, l. c.)

M. Morel a publié dans son ouvrage sur le S. *Suaire de St-Cor-*
neille de Compiègne (Bull. de la Soc. hist. de Compiègne, XI, 1904,
109-210) une description de la relique et du reliquaire par D. Bertheau.

Voir D'ACHÉRY, *Guiberti Novigent. Opera* Prolegom. ; P. L.
t. 156, col. 16.]

BERTHEREAU (François-Georges).

[H. DEHÉRAIN, *Les origines du recueil des « Historiens des Croi-*
sades » (Journal des Savants, 1919, p. 260-266).]

BESSIN (Guillaume)

[Lettre à M. de Nully, l'aîné, du 7 juillet 1694 *(Revue Mabillon,*
V, 1909, p. 313, et D. PAUL DENIS, *Lettres autographes de la collec-*
tion de Troussures. Paris, 1912, p. 264).]

BÉVY (Charles-Joseph).

[LÉON MIROT, *Dom Bévy et les comptes des trésoriers de guerre.*
Essai de reconstitution du fonds disparu de la Chambre des
comptes *(Bibl. Ecole des Chartes,* t. 86, 1925, p. 245-379). Paris,
1925, 135 pp. 8º.

Les Archives Nationales à Paris ont fait l'acquisition de son
Dictionnaire alphabétique et chronologique de la noblesse ».

Lettres et notes épigraphiques sur des inscriptions romaines de
la Gaule, 1778-1779 ; (Arch. nat. Paris, AB. XIX-209 ; *Bibl. Ecole*
des Chartes, t. 78, 1917, p. 20).

BÉVY (Philippe).

[Né à Auxerre, profès à l'âge de 24 ans à la Trinité de Vendôme
le 23 mai 1681, décédé à St-Denis le 11 avril 1723 *(Matricule).*

Lettre du 14 mai 1706 adressée à la Diète de la Congrégation au
sujet du chant et des rubriques, publiée d'après le ms. fr. 19678,
f. 35, par D. Paul Denis *(Revue Mabillon,* V, 1909, p. 122-125).]

BILLOUET (J.-Thomas).

Décédé le 16 novembre 1736 (D. BLANCHARD, 324 ; V. PERREAU, 94, 115).

BLAMPIN (Thomas).

[Lettre à Madame de Caumartin du 6 nov. 1697 (*Revue Mabillon*, V, 1909, p. 518-519 ; D. PAUL DENIS, *Lettres autographes de la Collection de Troussures*. Paris, 1912, p. 420-421).

Correspondance pour l'édition de S. Augustin (KUKULA, I, 46-47 ; III, P. 2, p. 26-33).

Ecrits sur S. Augustin (Lettre de D. Toustain, du 10 janvier 1746 (Soc. de l'hist. de Normandie, *Mélanges*, 3e sér., 226).

Notice (Coll. de Picardie, vol. 154, f. 49 ; LAUER, II, 138).]

BLANCHARD (Charles-Antoine).

[Histoire de l'abbaye de St-Etienne de Caen, ms. 82. Coll. Mancel à Caen (*Cat. gén. mss. Dép.*, XLIV, 200). — Ce travail a été publié par R. N. SAUVAGE, *L'abbaye de St-Etienne de Caen sous la règle de S. Maur (Bull. de la Soc. des Antiq. de Normandie, XXX, 1915).* Caen, 8o, 443 pp.

R. N. SAUVAGE, *Extraits du nécrologe de l'abbaye du Bec (XVIIe et XVIIIe s.),* par D. Blanchard (*Bull. philol. et hist. du Comité des Travaux hist.,* 1924, p. 161-191).

R. N. SAUVAGE, *Souvenirs de D. Blanchard sur le collège du Bois à Caen, XVIIIe s. (Bull. Soc. Antiquaires de Normandie, XXXI, 1916,* p. 342-345).]

BLANCHETTE (Bernard).

[Curé du Crucifix en l'abbaye de S. Corneille de Compiègne : *Réponse faite par le curé du Crucifix à la prétendue ordonnance du seigneur évesque de Soissons datée du deuxième avril 1672.* Signé : F. Bernard Blanchette, (16 avril 1672). S. l. n. d. in-fol. (DE MARSY, *Bibliographie Compiégnoise,* n. 121, p. 34-35). Serait-ce le même personnage que D. Bernard Planchette ?]

BLANDIN (Louis-Ambroise).

[Né à Aulnay-sur-Odon le 20 mars 1760, profès au Bec le 31 octobre 1782, décédé en 1848, auteur de poésies (*Revue Mabillon,*

X., 1914, p. 92-93). — Voir A. GUÉRY, *Deux Bénédictins normands* (*Revue catholique de Normandie* t. XXIII, 15 janv. 1914, p. 289-311).]

BLONDEL (Joseph-Nicolas).

[Né à Reims, profès à 23 ans à St-Faron de Meaux le 23 février 1771, mort à Reims le 16 juillet 1829.

Au sujet de la remise de manuscrits concernant St-Remi de Reims en 1823, voir *Cat. gén. mss. Dép.*, XXXIX, 921, 922, 925, 926).].

BODIN (Robert-Grégoire).

Voir DU BOUT, *Orbais*, 399.

BOESMAN (Jean).

Voir MARTÈNE, *Vie des Justes*, I, 95-97 ; *Hist. Cong. S. Maur*, IV, 170-171.

BOISSY (Nicolas de).

[Correspondant de D. Luc d'Achery (*Revue Mabillon* V, 1910, p. 546).]

BOISTARD (Claude).

[Circulaire imprimée pour l'édition de S. Augustin. Paris, 17 novembre 1699 (KUKULA, I, 101-102 ; III, 2, p. 30, 31).
Conférences d'études 1702 (P. MARICHAL, *Coll. Cloüet*, p. 84).
Lettre de D. Mabillon (*Revue Mabillon*, V, 1909, 86-88).
Voir *Gall. christ.*, VII, 485-486].

BONNEFONS (Elie-Benoît).

[La Bibliothèque de Rouen ne possède que le tome III de sa *Vie des saints abbés et religieux... de Fontenelle* (*Revue Mabillon*, VII, 1911, 51, n. 1)].

BONNEFONS (Jean-Jacques-Paul).

[Extraits sur Corbie (Coll. de Picardie, vol. 30 ; LAUER, II, 88).
Correspondance (*ib.*, vol. 49 ; LAUER, II, 97).

Lettres à Mabillon du 29 août 1668 (GRENIER, *Corbie*, 182-183), du 20 mars 1691 (v. plus haut, t. II, p. 21)].

BOUDIER (Pierre-François).

* Il a donné dans le *Grand dictionnaire* de Moreri, Paris, 1759, Suppl. p. 64-65, une notice sur l'abbaye de Troarn *

BOUGIS (Simon).

[« Le ms. 232 de la Bibl. de la Chambre des Députés à Paris contient une « *Regula S. Benedicti cum declarationibus cong. S. Mauri* » avec des notes autographes de D. Bougis *(Cat. mss.,* pp. 123-124).

On lui attribue parfois des *Exercices spirituels.* A ce sujet il importe de ne pas confondre plusieurs opuscules qui portent ce titre. Le premier en date, qui a été souvent réédité, provient de la Congrégation de St-Vanne et a pour auteur D. Philippe François (✝ 1635), mais l'inspiration en remonte à D. Didier de la Cour.

On lit dans la vie de ce dernier que des supérieurs de monastères venaient le trouver à St-Vanne pour conférer avec lui sur les moyens d'introduire chez eux la réforme qu'ils voyaient fleurir dans les maisons de Lorraine. « Il y en eut, dit Dom Haudiquier, qui, non-contents d'avoir été témoins des exercices de la Réforme, les emportèrent par écrit, pour être plus en état de les enseigner, et les introduisirent en effet dans leurs monastères ». Ce texte fait allusion à l'ensemble des exercices qui réglaient la vie journalière des monastères lorrains, mais il est assez probable qu'il regarde aussi la formation monastique des jeunes recrues et l'esprit qui animait la vie spirituelle des religieux. Les *Exercices* doivent être l'expression de la pensée du saint réformateur, Dom Didier de la Cour, et de son fervent disciple, Dom Humbert Rollet, chargé par lui de la formation de ses premiers novices.

A la date du 30 juin 1672 le cistercien D. de Lannoy mandait à D. Luc d'Achery : « Je n'ay point encore eu de response d'un livre d'*Exercices spirituels* de D. Philippe François, imprimé à Douay chez Pinchon, in-12 *(Revue Mabillon,* IX, 1913, 218). Une autre lettre du 27 juillet suivant dit qu'il trouvera des exemplaires à St-Ghislain : « voicy comme il s'intitule : *Exercices spirituels tirés de la Règle de S. Benoist,* composés par D. Philippe François etc. A Douay, chez Gérard Pinchon, 1627 ou environ. Le livre est aussi gros que *Regula Solitariorum* mais un peu plus court. Je croy qu'il est marqué au commencement qu'il est pour l'usage des abbayes de St-Denis, près de Mons, et de St-Hubert. Vous pouvés en escrire un mot à D. Simon Guillemot [religieux de St-Ghislain], affin qu'il charge D. Mabillon de ce livre dont je suis fort en peine. Ainsi ce n'est ny *la Guide spirituelle*, ny le *Novitial des bénédictins*, encore moins ce petit livret qui se relie à la fin de la *Règle* ou de l'*Imitation* chez Billaine que je demande.» *(Revue Mabillon*, IX, 1913, 219-220).

La Bibliothèque de Maredsous possède « *Exercices spirituels tirez de la Règle de sainct Benoist pour ceux qui viennent du monde à la Religion*. A Paris, chez la vefve Charles Chastellain, MDCXXV, 99 pp. + 2 ff. table, in-32. L'approbation des docteurs de Paris, du 1 février 1622, mentionne l'auteur : D. Philippe François. Cette édition n'a pas l'Avant-propos.

Maredsous possède aussi « *Exercices spirituels ou méthodique explication de la vocation religieuse et des moyens nécessaires pour l'obtenir. Extraicts de la Règle du glorieux Patriarche S. Benoist, en faveur de toutes personnes désireuses de la Perfection*. Par le R. P. D. Philippe François, relig. et abbé de S. Ayry de Verdun, de la Congr. de S. Vanne et Hydulphe en Lorraine dudit ordre. A Mons, chez François Waudré, MDCXXVI, in-18, 18 ff. + 188 pp. + 2 ff. n. n. Suivis de « Brefve méthode et advis pour bien méditer » 18 pp. ; « Considérations très-utiles pour entrer en la cognoissance de soy-mesme et de plusieurs autres choses qui concernent le salut de l'âme » (pp. 19-40) ; « Advis aux religieux bénédictins réformez nouvellement profez pour s'entretenir en ferveur toute leur vie et s'advancer à plus grande perfection » (pp. 41-52) ; « Brefve et succincte méthode pour détruire en nous le péché » (4 ff. n. n.) ; « Règles des frères laycs ou commis et des oblats des monastères réformez de S. Hubert en Ardenne et de S. Denys les Mons en Haynnau, de l'ordre de S. Benoist (pp. 1-24) ; « Règles des oblats des monastères réformez de S. Hubert en Ardenne et de S. Denys lez Mons en Haynnau de l'ordre de S. Benoist (pp. 1-46).

L'épitre dédicatoire de Fr. Waudré, du 1 mai 1626, nous apprend que ce recueil a été fait par ordonnance et aux frais des deux abbayes de St-Hubert et de St-Denis. L'approbation est signée le 21 mars 1626 à St-Denis par F. Hubert Mynsbrugghe (à la suite de la Table). L'Avant propos, qui précède les Exercices, est de D. Philippe François ; il y rappelle *La Guide spirituelle*, nouvellement imprimée à Paris en 1622. La disposition du texte varie avec celle de l'édition de 1625, mais elle est semblable à l'édition de Douai

de 1628 « *Exercices spirituels ou méthodique explication...* par le
R. P. D. Philippe François... A Douay, chez Gérard Pinchon,
MDCXXVIII, 4 ff. n. n. (dédicace à Mme Florence de Werquignoeul,
abbesse de la Paix N. D. à Douaï, par l'imprimeur) + 9 ff. n. n. + 253
pp. + 2 ff. Table. (Bibl. Maredsous). On y a inséré la « brefve
méthode et advis pour bien méditer », les « considérations très utiles..»
les « advis aux religieux... », la « brefve et succincte méthode »
et les « Règles des frères laycs ou commis... ». C'est donc une ré-
plique de l'édition de Mons.

Maredsous possède également l'édition de Paris, Jean Billaine,
MDCXXXIX, Table et approbation de 1622, 2 ff. + 128 pp. in-32 ;
celles de Paris, Jean Billaine, MDCLVI, 3 ff. + 134 pp. in-32 ;
de Paris, Jean Billaine, MDCLXVII, 2 ff. + 117 p. in-32 ; de Paris,
Louis Billaine, MDCLXVII, 3 ff. + 117 pp. in-32, conforme à
l'édition de 1625 ; de Paris, Imbert de Bats, MDCCI, in-32 de 107
pp.

Il y eut une édition à Toul en 1656. D. de Lannoy, qui la reçut
par l'intermédiaire de l'abbaye de Liessies, dit que ce « livre d'exercices spirituels » est un peu plus ample que celuy qu'on donnait
aux novices de la congrégation de St-Maur (p. 230).

Ces *Exercices* ont certainement servi de guide à D. Claude Martin
pour la rédaction de sa *Pratique de la Règle de S. Benoît* (Paris,
1674).

Les Exercices spirituels ou pratique de la Règle de S. Benoît à
l'usage des religieuses bénédictines (Paris, Remy, 1687, 350 pp.
in-16) par la Mère Mechtilde du S. Sacrement, sont une adaptation
de l'ouvrage de D. Claude Martin autorisée par D. Benoît Brachet,
supérieur général, le 10 juin 1686.

Quant aux « *Exercices spirituels tirés de la Règle de saint Benoist*,
pour en faciliter la pratique à ceux qui désirent vivre selon l'esprit
de cette même Règle. Revus, corrigés et augmentés. A Paris,
De l'Imprimerie Vincent,... MDCCLIV. », ils sont la reproduction
de la *Pratique* de D. Claude Martin, mais avec des changements
(TASSIN, p. 691), et l'œuvre de D. Pernetty, qui les a insérés dans
son *Manuel bénédictin*, pp. 255-488) (Bibl. de Maredsous).

L'édition des *Exercices spirituels*. Paris, Vincent, 1712, attribuée
à D. Simon Bougis, n'est que la reproduction de la *Pratique* de D.
Claude Martin.

Par contre les « *Exercices spirituels tirés de la Règle du B.
Père S. Benoît* en faveur des personnes qui désirent vivre selon

la même règle ». Tournai, Casterman, 1862, 116 pp., in-32 sont presque textuellement empruntés aux éditions de 1639, 1701, et furent publiés pour une communauté de religieuses de l'ordre de Citeaux (Bibl. Maredsous).

Lettre à D. Mabillon *(Revue Mabillon,* VI, 1910, 54).

Correspondance pour l'édition de S. Augustin (KUKULA, III, 2, p. 26-33).

Voir PERREAU, 53.]

BOUILLART (Jacques).

[Sur la controverse au sujet du martyrologe d'Usuard, v. SOMMERVOGEL, I, 1670-1671. — Les lettres de D. B. et du P. Du Sollier ont été publiées par Mgr de Ram, à la suite d'une *Dissertation sur les martyrologes* de Binterim. Louvain, 1835, p. 30-32.

Prospectus de l'*Histoire de St-Germain-des-Prés* (Coll. de Picardie, vol. 225, f. 78 ; LAUER, II, 159).]

BOULOGNE (J.-B. de).

[*Vie de S. Valéry et histoire de l'abbaye où il est traité de sa fondation qui est environ l'an 627 jusqu'en l'an 1314.* Ms. dans une collection particulière *(Moyen-Age,* XXII, 1909, p. 100 ; CORBLET, *Hagiographie du diocèse d'Amiens,* IV, 94.

Sur son Histoire de l'abbaye de St-Germer, v. *Revue Mabillon,* V, 1909, p. 545.

Communication à d'Achery de documents sur Flavigny (*Guiberti Novigent. Opera,* 601 ; P. L. 156, col. 1086).]

BOUQUET (Martin).

[Les lettres à Masclef ont été publiées par D. Paul Denis (*Revue Mabillon,* IV, 1908, p. 64-65, 145-148, 152-155, 156-164, 171-186).

Note dans Coll. de Picardie, vol. 151, f. 390 ; LAUER, II, 136. — Voir FRANKLIN, I, 117, 125.]

BOUQUIN (Zacharie).

Voir PERREAU, 101, 115.

BOURDET (J. B.).

Voir PERREAU, 118-119, 121.

BOURNONVILLE (Jean-Rupert de).

[Sur son Histoire de l'abbaye de St-Valery, v. *Le Moyen-Age*, XXII, 1909, p. 96-97.]

BOUROTTE (Michel-Nicolas).

* La famille de Jovyac possède dans sa correspondonce 94 lettres de D. Bourotte. Le Cte de S. Pol en a publié 47 dans la *Correspondance historique et archéologique* en 1914-1916 : *Extrait de la correspondance d'une famille noble de province pendant le XVIII° siècle.* Paris. Champion, 1916, 8°, 163 pp. Il en a donné une suite dans la *Revue du Vivarais*, XXVIII, 1921, et XXIX, 1922 ; elles s'arrétent à l'an 1782. *

BOYER (Jacques).

[On attribue à un D. Boyer, bénédictin de St-Germain-des-Prés, une « Vie de Sr Agnès de Jésus », prieure des Dominicaines de Langeac, écrite en 1647 (DE LANTAGES, *Vie de la vén. mère Agnès de Jésus.* Paris, 1863, I, p. XLV-XLVI).

Les deux lettres des 14 juillet 1713 et 13 oct. 1714 de la collection de Maredsous, signalées t. I, p. 68, ont été publiées dans la *Revue bénéd.*, XXV, 1908, p. 375-377).]

BRACHET (Benoît).

[Eloge dans une lettre de D. Michel Germain à D. Erasme Gattola du 13 janvier 1687 (*Riv. stor. bened.*, VIII, 1913, 285 ; ETTINGER, 30).

Lettre à D. Cyprien Richard du 16 oct. 1645 (*Revue Mabillon*, XIX, 1929, 334-335).]

BRÉARD (Alexis).

[D. FERNAND LOHIER, *Notes de D. Alexis Bréard et correspondance, propos d'une relique de S. Wandrille, 1672-1682 (Revue Mabillon,* VII, 1911, 45-72) ; du même, *D. Al. Bréard, historiographe de l'abbaye de St-Wandrille 1616-1688 (ib.,* 1911, 305-321).]

BRETAGNE (Claude).

[Relation ce ce qui s'est passé à la procession générale en la ville de Reims, pour demander à Dieu d'estre délivré de la peste, par D. Cl. Bretagne, prieur de St-Remy, 1668 (ms. 1854 de Reims, n. 17 ; Impr. à Reims chez N. Pottier ; *Cat. gén. mss. Dép.*, XXXIX, 930).

Correspondance (Coll. de Picardie, vol. 49 ; LAUER, II, 97).

Lettre du 22 juillet 1684 (KUKULA, III, 2, p. 28).]

BRÉZILLAC (Jean-Fr. de).

[Il en est question dans une lettre de D. Alaydon, du 24 juin 1729 (*Rev. bénéd.*, XXVI, 1909, p. 336).]

BRIAL (Michel).

* HENRY ARAGON, *Notes inédites sur D. Brial* 1743-1828 (*Revue hist. et litt. du dioc. de Perpignan*, XIII, 1920, p. 89 suiv.)

Notice d'un ms. de la bibliothèque du chevalier Cotton faisant partie aujourd'hui du Musée britannique (*Notices et Extraits des Mss.* XI, 2e partie, p. 165-177).

H. ARAGON, *Pages d'histoire du Roussillon. Notes inédites sur D. Brial, 1743-1828. (Revue d'archéol. et d'hist. du Roussillon*, X, p. 90-116). *

[Sur sa collaboration à l'*Hist. litt. de la France*, v. *Bibl. Ecole des chartes*, 4e série, III, 1857, p. 71 ; MAUR. LECOMTE (*Revue Mabillon*, III, 1907, 23, 26).

Lettre de l'abbé G. De la Rue (Coll. Mancel à Caen ; *Cat. gén. mss. Dép.*, XLIV, p. 251, 252, 254, 255).

Lettres (Bibl. nat. Paris, Coll. du Vexin, vol. 73 ; LAUER, II, 359).

Lettre du 21 mai 1779 (ms. 1410 de Besançon ; *Cat. gén. mss. Dép.*, XLV, 157).

Lettres de D. François Raynal à D. Brial 1806 (*Revue bénéd.*, XXVIII, 1911, p. 213-217).

Le Catal. 178 d'Ernest Dumont à Paris (oct. 1912) signalait sous le n° 684 une lettre de Dom Brial s. l. n. d., 1 p. in-4°, demandant qu'on lui adjoigne M. de la Porte du Theil pour l'examen des manuscrits que M. de Villevieille offrait de céder au gouvernement.]

BRIANT (Denis).

Cenomania, autre exemplaire (Paris, Nouv. acq. lat. 1967 (*Province du Maine*, XVII, 1909, p. 422.)*

BRICE (Etienne-Gabriel).

[Dans le 4ᵉ vol. du *Gallia christ.* de la Bibl. de Colmar, on a relié une copie d'une lettre de Dom Brice, 9 déc. 1737, publiée par M. Guignard dans *l'Auxiliaire catholique*, 1845, II, p. 82, appendice 1 (note de M. Ingold.)]

BRIDON (François).

Voir *Hist. litt. de la France*, I, préf. p. XXXII ; CERVEAU, *Nécrologe*, I, 219 ; PERREAU, 66-67, 100, 102, 103, 106, 110, 116)

BRILLET (Philémon).

[Lettre de Philémon Brillet à D. Richard, de l'abbaye de St-Jean de Laon, 25 janvier 1774 (Coll. de Picardie, vol. 205, f. 106 ; LAUER, II, 153).]

BRILLON (Didier).

Voir PERREAU, 23.

BRIOIS (Paul).

[H. OMONT, *Voyage littéraire de Paris à Rome en 1698. Notes de D. Paul Briois, compagnon de Montfaucon (Revue des bibliothèques*, XIV, 1904, p. 1-43), d'après le ms. fr. 19640, ff. 1-56).]

BRIOT (Simon).

[Sur ses travaux relatifs au chartrier et à l'histoire de l'abbaye de Molesme, v. JACQUES LAURENT, *Cartulaires de l'abbaye de Molesme*. Introduction. Tome I, Paris, 1907, p. 9-11, 16-17.]

BROSSE (Louis-Gabriel).

Voir LEBEUF, *Mémoire concernant l'hist... d'Auxerre*. Paris, 1743, t. II, 520.

BUGNIATRE (Gédéon).

[D'après des notes que M. l'abbé Berriot, prêtre du dioc. de Soissons, a eu jadis l'obligeance de me communiquer, Gédéon Bugniâtre, fils de J.-B., officier de la Garde-robe du Roy, et de D^{elle} Catherine Noelle Heuste, est né le 24 septembre 1717 et fut baptisé le même jour dans l'église de St-Remy-Porte à Laon (d'après le Reg. des actes de baptême). D. Bugniâtre résidait à St-Jean de Laon en 1751 et 1760 ; il fut plus tard prieur aux Blancs-Manteaux à Paris, puis au Mont-St-Quentin, où il mourut le 9 mars 1779.

Extraits des archives capitulaires de Laon (Coll. de Picardie, vol. 163 ; LAUER, II, 142).

Matériaux pour l'histoire du Laonnais (*Ib.*, vol. 188-190 ; LAUER, II, 148-149).

Histoire de Laon et matériaux y relatifs (Coll. de Picardie, vol. 264-266, 267-271 ; LAUER, II, 171-174).

Papiers généalogiques *(Ib., 270 ;* LAUER, l. c.)

Correspondance *(Ib.,* vol. 41 ; LAUER, II, 92 ; vol. 269 ; LAUER, II, 174).

Sur ce mauriste, v. D. THIERRY RÉJALOT, *Dom Gédéon Bugniâtre O. S. B. 1718-1779 et son « Histoire du diocèse de Laon »* (*Almanach Matot-Braine des trois départements de la Marne, de l'Aisne et des Ardennes*, LXII, 1929, p. 390-404). Reims, Matot, 1929, 8°, 16 pp.]

BUGNOT (Gabriel).

Les *S. Benedicti vita et regula versibus expressae.* Paris, Billaine, 1662, 12° ont été réimprimés en 1665 et 1669, en même temps que les *Sacra Elogia.*

L'*Argenis* de Barclay a paru en 1659 : *J. Barclaii Argenis* nunc primum illustrata a Theandro Bugnotio. Lugduni Batavorum, Hack, 1659, 8°, 14 ff. + 637 pp.

Archombrotus et Theopompus sive Joannis Barclaii Argenidis secunda et tertia pars ubi de institutione principis. Lugduni Batav., Hack, 1669. 16 ff. + 624 pp. + 8 ff.

Le *Jo. Barclaisi Satyricon nunc primum notis illustratum.* Lugduni Batav. 1674, 8°, 10 ff. + 720 pp.

Dans ses *Reliquiae*, M. Alb. Collignon a donné une étude : *Une*

suite de l'Argenis de Barclay. Archombrote et Théopompe (Annales de l'Est, 38ᵉ année, 1924, pp. 83-121).
Voir *Revue Mabillon*, XIX, 1929, p. 329.]

BUISSON (Etienne).

[Lecteur en théologie à Sᵗ-Lomer de Blois en 1726 (PERREAU, 46,73).]

BUISSON (Pierre).

[Copie de documents sur Sᵗ-Benoît-sur-Loire faite en 1659 pour D. Placide Bertheau (Bibl. nat. Paris, ms. lat. 12670 ; PROU et VIDIER, *Recueil des chartes de l'abbaye de Sᵗ-Benoît-sur-Loire.* Paris, 1907, I, Introd., p. LXXXVII).
Lettre datée de Sᵗ-André de Villeneuve le 2 déc. 1672 à D. Cl., Martin (KUKULA, III, 2, p. 25).]

BULER.

* Dans la notice, t. I, p. 87, au lieu de *Buler*, il faut lire *Bède* ; il s'agit de D. Bède de Fiesque. *

BULTEAU (Louis).

[Sur la suite de son *Abrégé sur l'Histoire de l'ordre de S. Benoît* revu par D. TASSIN, voir une lettre de celui-ci, du 9 janvier 1771, *(Etudes,* CXVIII, 5 fév. 1909, p. 389).
Histoire de l'ordre monastique, où l'on voit la naissance et le progrès de l'état religieux... par xxx de la cong. de Sᵗ-Maur. Paris, Jouvenel, 1686, 8º, est le même ouvrage que l'*Abrégé de l'hist. monast.* ; le titre seul est changé.
Correspondance (KUKULA, III, 2, p. 33.]

C

CAFFIAUX (Philippe-Joseph).

[Extraits et mémoires historiques relatifs à Soissons (Coll. de Picardie, vol. 42 ; LAUER, II, 93).

Extraits d'archives et de cartulaires (*Ib.*, vol. 45 ; LAUER, II, 95).

Siège de Corbie... 1636 (*Ib.*, vol. 46 ; LAUER, II, 96).

Copies de chartes concernant le comté de Clermont-en-Beauvaisis (*Ib.*, vol. 54 ; LAUER, II, 98).

Fragment d'histoire des comtes de Guines (*Ib.*, vol. 61 ; LAUER, II, 105).

Description de la Picardie (*Ib.*, vol. 64 ; LAUER, II, 106).

Fragments d'une Histoire de Soissons (*Ib.*, vol. 64 et 212 ; LAUER, II, 106, 168).

Généalogie de la maison de Gand, tige des comtes de Guines (*Ib.*, vol. 68 ; LAUER, II, 108).

Fragment d'une Histoire des ducs de Normandie (*Ib.*).

Extraits d'archives seigneuriales (*Ib.*, vol. 101 ; LAUER, II, 125).

Projets de cartes (*Ib.*, vol. 106 ; LAUER, II, 127).

Extraits des registres de l'église de Neuilly-St-Front, 1763 (*Ib.*, vol. 212 ; LAUER, II, 155).

Liste des rois de France (*Ib.*, vol. 278 ; LAUER, II, 175).

Procuration donnée par D. C. pour réclamer sa pension en Cour de Rome, 1768 (*Ib.*, vol. 236, f. 155 ; LAUER, II, 164).

Correspondance avec D. Grenier (*Ib.*, vol. 41 ; LAUER, II, 92).

Plan général de l'histoire de la province de Picardie... copie sur le ms. original. Paris, février 1861 (BRUNEL, *Catal. des mss. de la Soc. des Antiq. de Picardie*. Amiens, 1917, n. 176, p. 43).]

CAMPS (Louis de).

[Auteur d'un remaniement de l'Histoire du Mont-St-Michel de D. Jean Huynes, ms. à Avranches (P. GOUT, *Le Mont-St-Michel*, I, p. 15-16).]

CANTELEU (Nicolas).

Voir MARTÈNE, *Hist. Cong. S. Maur*, IV, 133.

CARPENTIER (Pierre).

[Sur sa participation au *Glossarium* de Du Cange, v. *Bibl. Ecole des Chartes*, I, 503-509.

Lettres à Godefroy des 30 déc. 1736 et 8 avril 1737 (LE GLAY, *Anal. histor.*, p. 73, 74, 76).

Lettres, 1728 (Coll. de Picardie, vol. 243 ; LAUER, II, 168).]

CARRÉ (Charles).

Mémoires pour le *Monasticon benedictinum*, ms. lat. Paris 12685 (DELISLE, *Monasticon*, 15).]

CARRÉ (Jean).

Voir PERREAU, 36, 54.

CARRIÈRE (Jacques-Marie).

[Sur sa polémique avec D. Devienne, voir une communication de M. Chavanon au Congrès des Sociétés savantes *(Revue histor.,* LXXXII, 1903, 425).]

CASTEL (Joseph).

Voir PERREAU, 43-44, 46, 47, 52, 59, 62, 67.

CH. (L.)

[Observations des religieux bénédictins de la cong. de S. Maur sur la motion de M. Treihard, s. d. (Catal. Paul Lacombe, 1923, 2e partie, p. 18, n. 1796).]

CHAMPENOIS (Simon).

[Né à Reims le 25 mars 1644, profès à St-Remi le 29 septembre 1662, décédé à St-Nicaise de Reims le 20 octobre 1718 (*Matricule ; Cat. gén. mss. Dép.,* XXXIX, 936).
Lettre à D. Jean Gelé du 14 juillet 1707 *(Revue bénéd.,* XXVIII, 1911, p. 43).]

CHALLUS (Faron).

[Sur les troubles suscités par ce religieux au sujet de l'interprétation des premiers règlements de la Congrégation concernant l'élection du Général et sa perpétuabilité en charge, voir D. Léon Guilloreau, *Les Mémoires du R. P. Dom B. Audebert.* Paris, 1911, à l'Index, p. 321).]

CHANGY (Jean-Ch. de).

* L'Histoire de Lagny a été publiée dans une série d'articles :

« *L'abbaye royale de St-Pierre de Lagny* » donnés dans la *Revue de Champagne et de Brie*, d'après le tome 18 des mss. de la Coll. de Champagne à la Bibl. nat. de Paris (1876, t. I, pp. 136, 193, 246, 385, 475 ; t. II, pp. 58, 134, 145). *

CHANTELOU (Claude).

[Sur l'histoire de Montmajour, voir *Annales du Midi*, XXV, 1913, p. 26, note 2.

Voir MABILLON, *Acta Sanct.*, Sacc. I, praef. p. LXII ; MARTÈNE, *Hist. Cong. S. Maur*, IV, 184 ; *Revue Mabillon*, III, 1907, p. 232, 233, 237].

CHAPPE (François).

[*Dissertation sur le changement d'habit fait par M*^{me} *d'Albret dans la royale abbaye de S*^{te}*-Croix de Poitiers*. Deux rédactions dans Coll. Fonteneau, t. LVI, p. 197-256 ; cf. *Revue Mabillon*, V, 1909, p. 115.

Procès avec D. Vincent Hue, de St-Germer de Fly (Coll. de Picardie, vol. 196 ; LAUER, II, 151).

Voir *Revue Mabillon*, VI, 1910, p. 197, 200-202, 204-205, 210-211.]

CHAPPOTIN (François).

[Directeur de l'école de Pontlevoy (v. *Précis historique sur Pont-le-Voy, son abbaye et son collège. Biographie de l'abbé Demeuré*. 2e éd. Paris, 1838, p. 32-40 (Extr. de la *Biographie des hommes du jour* par MM. Germain Sarrut et Saint-Edme).]

CHARLIER (Henri).

[Il est question de lui dans une lettre de D. Montfaucon à Gattola (ETTINGER, 91).]

CHASTELAIN (Pierre).

[Sur les manuscrits conservés à Reims, voir *Cat. gén. mss. Dép.*, XXXIX, 921-926, 936, 972-974.

M. Ch. Sarazin a publié sous le titre de : *La neuvaine de Saint-Remi en juin 1757*, la relation écrite par D. P. Chastelain *(Travaux de l'Acad. nat. de Reims*, t. 143, 1930, p. 212-247).]

CHAZAL (François).

Voir *Hist. litt. France*, I, préf., p. XXXII ; Perreau, 70-71 ; Prou et Vidier, *St-Benoît-sur-Loire*, I, p. LXXXVII-LXXXIX ; *Revue Mabillon*, VII, 1911, 310 n.]

CHEVALIER (Henri-Simon).

[Né à Paris, profès à l'âge de 19 ans à Lyre le 22 septembre 1694, décédé à St-Wandrille le 27 octobre 1764 (*Matricule*).

Lettre relative à l'abbaye de Fontenay, 1756 *(Cat. gén. mss. Dép.*, XLIV, 256).

Lettres à D. B. de Montfaucon des 26 nov. 1728 et 23 août 1741 sur un projet de Dictionnaire grec *(Revue bénéd.*, XXVIII, 1911, p. 199-200, 208-209) ; — correspondance *(ib.*, p. 199, n. 3).]

CHEVREUX (Ambroise-Augustin).

[L. Ray, *Lettre de Dom Chevreux*, général de la Cong. de S. Maur au prieur de l'abbaye de Molesme, 1789 *(La Révolution dans l'Aube*, I, 1908, p. 143-145).

Voir D. B. Heurtebize, *Les BB. D. Ambroise Chevreux, D. Julien Massey, D. Louis Barreau de la Touche*. Tours, 1927, pp. 1-33 avec portrait].

CHRESTIEN (Sébastien).

Lettre adressée de St-Jean de Laon le 29 déc. 1670 à D. Claude Martin (Kukula, III, 2, p. 23).]

CIRY (Jean de).

[Né à Compiègne , profès à St-Faron de Meaux le 3 mars 1683, à l'âge de 19 ans, décédé à St-Nicaise de Reims le 27 novembre 1734 (*Matricule*).

Lettre à D. Nicolas Le Nourri, du 20 octobre 1700 *(Revue bénéd.*, XXVIII, 1911, p. 40-41).]

Lettre à D. Pierre Coustant du 18 juillet 1705 (Bibl. nat. Paris, F. F. 12803, f. 179-180).

CLAIRÉ (Anselme).

[Lettre datée de St-Germain d'Auxerre, où il était prieur, 1661-

1662 (Mél. Colbert, I, n. 102, f. 11 ; *Catal.*, I, p. 96) ; n° 110, f. 143 ; *Catal.*, 145).]

CLAUSTRIER, CLOISTRIER (Marien, Marin).

* Né à Huriel, dioc. de Bourges, profés à Vendôme, à l'âge de 20 ans, le 15 novembre 1689, mort à St-Germain-des-Prés le 6 mai 1731, visiteur de la province de France. Prieur de St-Pierre de Châlons en 1708 et 1711. de Flavigny de 1714 à 1720, de Ferrières de 1720 à 1723, de St-Calais de 1723 à 1729, année où il revint à Ferrières. L'identité des noms de la matricule et du nécrologe de St-Germain-des-Prés, la série des charges exercées par D. Claustrier montrent qu'il est le même personnage que le D. Martin Cloitrier, indiqué dans le ms. de Dijon.

[Voir LE CERF, *H. C.*, 213 ; D. PERREAU, *Hist. des derniers chapitres*, 78 ; VANEL, *Nécrologe*, 169].

CLÉMENCET (Charles).

[*Hist. litt. de Port-Royal*, exemplaire ayant appartenu à D. Brial (Bibl. Mazarine, Coll. Faugère 4533-4539 ; *Cat. gén. mss. Dép.*, XLV, p. 36).

Voir ERN. JOVY, *La vie inédite de Pascal par Dom Clémencet* (Études pascaliennes). Paris, 1929, 8°, 85 p.]

CLÉMENT (François).

[Lettres à Levrier 1780-1790 (Bibl. nat. Paris, Coll. du Vexin, vol. 71 ; LAUER, II, 359).

Correspondance avec le prince-abbé Martin Gerbert de St-Blaise 1752-1773 (G. PFEILSCHIFTER, *Korrespondenz*, I, n. 28, 162, 169, 170, 171, 195, 261, 326, 330, 347, 362, 368, 375, 594).

Reçu donné par D. Fr. Cl. à Jombert, libraire, de 25 exemplaires de la 3e éd. du premier vol. de l'*Art de vérifier les dates* (8 mai 1785 (Bibl. de Reims. Coll.Tarbé, n. 13 ; *Cat. gén. mss. Dép.*, XXXIX bis, p. 383).

Voir FRANKLIN, II, 259, 362.

CLOUET (Louis).

Voir PERREAU, 46, 52, 53, 67, 68-69, 70.

COCQUEBERT (Nicolas).

* Né à Reims, profès à Vendôme le 15 février 1643, âgé de 40 ans, décédé à Jumièges le 4 septembre 1661 *(Matricule)*

[Religieux de N. D. de Josaphat, 1647 ; un religieux de St-Nicaise de Reims lui adressa une lettre au sujet de la translation du corps de S. Remi de son ancienne châsse *(Cat. gén. mss. Dép.,* XXXIX, 930).]

COLÉON (Hugues).

Voir MARTÈNE, *Hist. Cong. S. Maur,* IV, 187.

COLOMB (Jean).

[Exemplaire des Réflexions sur les grands vassaux comtes et vicomtes *(Le bibliophile limousin,* XXIII, 1908, p. 15-17 ; *Revue Mabillon,* IV, nov. 1908, p. 411).
Voir *Hist. litt. France,* I, préf. p. XXXIII.]

CONRADE (Charles).

[*Prières qui se disent dans les monastères des religieuses bénédictines de la Cong. du Calvaire pour les religieuses agonisantes,* trad. du latin en français. Poitiers, Jean Fleurian, 1704, in-12, 84 pp. *(Revue Mabillon,* V, 1909, p. 116).
Lettre à D. Rivet du 11 août 1722 *(ib.,* 395-396).
Sur le travail de MAUR. LECOMTE, *Les deux derniers procureurs des Bénédictins à Rome, Dom Conrade et Dom Maloët,* v. plus haut t. II, p. 40.
Voir *Hist. litt. France,* I, préf. p. XXXIII ; PERREAU, 3, 32, 33, 35, 39-40, 45-47, 51, 52, 61, 62, 67, 71, 74-76, 91.]

CORDIER (Pierre).

[Lettre datée de Corbie du 15 sept. 1710 (D. GRENIER, *Corbie,* 399).
Voir PERREAU, 18].

CORNET (Jean-Chrysostome).

[Lettre de Vitte de Perceval à D. J. C. Cornet, religieux de St-Germain-des-Prés (Coll. de Picardie, vol. 173, f. 41 ; LAUER, II, 146).

Il est probablement l'auteur d'une notice sur D. Marsolle qui se trouve dans « *Le ramasi des délices monastiques* ». (Bibl. nat. Paris, ms. fr. 17675, p. 664-686 *(Revue bénéd.*, XXVIII, 1911, p. 391).]

COTRON (Victor).

[Chronique de St-Riquier (Coll. de Picardie, vol. 27 ; LAUER, II, 87) ; voir *Bibl. Ecole des chartes*, LXXII, 1911, 250-251.

Chronicon... S. Theoderici prope Remos, ms. 1600 de Reims (*Cat. gén. mss. Dép.*, XXXIX, 783-785).

Histoire de la célèbre abbaye de St-Thierry, ms. 1601 *(ib.*, 785).

Sur son histoire de Sainte-Colombe de Sens, v. *Le Moyen-Age* XXV, 1912, 146.]

COULON (Etienne).

* A corriger : Lettre datée de Sorèze le 2 octobre 1642 adressée à D. Antoine Roques, prieur de St-Chinian, lequel la transmit à D. Odon de Lamothe... (ms. 12697, ff. 260-263). *

COURDEMANCHE (Charles-Antoine de).

[Le ms. 91 de la Chambre des Députés à Paris renferme « Parallèle de l'observance de l'abbaye de Sept-Fons et de la règle de saint Benoît, présenté à S. A. S. Mgr le duc de Penthièvre, par dom Marc-Antoine de Courdemanche, religieux bénédictin de la Cong. de S. Maur, en janvier 1788 », 101 pp. *(Cat. mss. Chambre des Députés*, p. 40).]

COUSTANT (Pierre).

[Les *Analecta juris pontificii* (9e série, 1868, col. 1118-1127) ont publié : notices sur S. Grégoire II, Grégoire III et S. Zacharie par D. P. Coustant.

Editions de S. Hilaire : Vérone, 1730, in-fol. ; Venise, 1740, 2 vol. in-fol.

Lettre du 9 février 1705 au R. P. Léonard, augustin (KUKULA, III, 1, p. 32 ; III, 2, p. 31).

La lettre à D. Martène, du 9 janvier 1708, a été rééditée par Maurice Lecomte *(Revue Mabillon*, III, 1908, p. 337-340).

Lettre de D. Ch. de l'Hostallerie, 7 mars 1707 (*Revue Mabillon*, V, 1909, 27).

Jugement de D. Ch. de l'Hostallerie *(ib.,* 351-352).

Contrat avec Muguet (G. Lepreux, *Gallia-typogr.,* I, 449-450, 201*).

A propos de la *Notice* par M. Coustant d'Yanville à noter : *Deuxième Supplément, lettres.* Beauvais, 1868, 18 p. (A. de Marsy, *Bibliographie Compiégnoise,* n. 442-444). Extr. des *Mém. de la Soc. acad. de Beauvais,* VII, 1868, 30-37.

CRESSON (Charles-François-Marie).

[D'Arras, profès à 19 ans à St-Faron le 12 juillet 1741 *(Matricule).*

Lettre sur l'incendie de St-Riquier 1739 (Hénocque, II, 280-283).]

D

DABADIE (Jean-Pierre).

[Voir A. Chauliac, *Hist. de l'abbaye de Ste-Croix de Bordeaux.* Liguge, 1910, p. II-III.]

DANTINE (Maur).

[Lettre dans le ms. n.a. fr. 20952, f. 64 de la Bibl. nat. de Paris (Omont, *Catal.,* IV, 241).]

DARET (Jean).

Voir Perreau, 8-9, 12, 30, 36, 73 ; *Revue Mabillon,* XI, 1921, 191-192.

DASSAC (Benoît).

Voir *Revue bénéd.,* XXVIII, 1911, p. 213.

DAUBIN (Christophe).

[Lettre à D. Delfau adressée de Pontoise le 17 mars 1673 (Kukula, III, 2, 25, voir 50).

Lettres de Mabillon des 5 juin 1693, 20 nov. 1700, 8 mars 1701
(v. plus haut, t. II, p. 21.]

DEFAUEIL (Robert).

[Lettre à D. Vincent Marsolle datée de Meulan le 7 août 1672
(KUKULA, III, 1, p. 13 ; III, 2, p. 25).

DEFORIS (Jean-Pierre).

[Mémoire sur les difficultés qu'il avait avec le censeur au sujet
de son édition de Bossuet (Bibl. nat. Paris, n. a. fr. 12196).

Difficultés avec Boudet (G. LEPREUX, *Gallia typogr.* I., 108-109).

Son ouvrage sur *L'importance et l'étendue des obligations de la
vie monastique* a été traduit en allemand par un bénédictin de Fulda :
*Betrachtungen über die Pflichten und Nutzbarkeit des Klosterstandes
für die Kirche und den Staat : den Mönchen zur heilsamen Warnung
und zur gründlichen Vertheidigung gegen ihre Feinde.* Aus dem Fran-
zös. in das deutsche ubersetzt von P. Sebastianus Schaaf, Benedik-
tiner-Ordens-geistlichen. Fulda, Stahel, 1770, 8°, 495 pp. et 6 pp.
d'introduction du traducteur *(Quellen und Abhandl. zur Gesch.
der Abtei und der Diözese Fulda*, VII, 1911, p. 139).

Sur la mauvaise humeur de D. Poirier et de D. Précieux au sujet
de cet ouvrage, *Faits*, p. 16-17 ; voir plus haut, t. II, p. 155-156.

*Mémoire pour Dom Jean-Pierre Deforis, religieux bénédictin,
éditeur des œuvres de M. Bossuet, évêque de Meaux, contre le sieur
Antoine Boudet, imprimeur du Roi.* Paris, Morin, 1778, 76 pp.
in-4° (B. M.).

L'édition des Bénédictins (de Bossuet) *(Revue Bossuet*, VIII,
Suppl. V, 25 juin 1907, p. 67-73.

E. LÉVESQUE, *Bossuet et Deforis.* Une esquisse de sermon *(Ib.,*
VII, 250-258) ; reproduction d'un article publié dans le *Bulletin
de littérature ecclésiastique*, 1900, p. 1-10.

Lettre de D. Deforis sur des manuscrits de Bossuet (Revue Bossuet,
VII, 312-314) datée de mai 1770 et adressée à l'abbé Clément du
Tremblay.

D'après une lettre de D. François Clément à Martin Gerbert,
du 27 juin 1773, D. Deforis songeait à donner une continuation à
l'*Histoire des Variations* de Bossuet et sollicitait des matériaux à
St-Blaise (PFEILSCHIFTER, *Korrespondenz*, I, n° 594).

Lettre de D. Gabriel de Bellegarde à D. Deforis 11 fév. 1788
(Cat. gén. mss. Dép., XXXIX bis, p. 390).

Réponse à la lettre d'un avocat de Laon relativement à une note
dé Dom Deforis, éditeur des œuvres de Bossuet, par Mercier de
St-Léger (*Journal de Paris*, n° 25 ; réimprimée avec la lettre de
l'avocat dans l'*Esprit des journaux*, mars (1781), p. 257 (DE CHÈ-
NEDOLLÉ, 31).
Voir FRANKLIN, II, 362.]

DEIDIER (Jerôme).

[Lettre du 5 avril 1711 écrite à D. R. Massuet (A. DEGERT, *Lettre
inédite de dom Jérôme Deidier* (*Revue de Gascogne*, XII, 1912,
p. 425-428) ; du même, *Lettre inédite de J. D.* du 9 déc. 1910 à D.
Massuet (et non Manuel) (*Revue de Gascogne*, XIX, 1924, p. 79-
86 ; v. *Revue d'hist. de l'Eglise de France*, XI, 1925, p. 580).]

DELACROIX (Barthélemy).

Voir FRANKLIN, I, 112, 125.

DELAPORTE (Jacques-Cessateur).

[Né à St-Santin, dioc. de Limoges, profès à 28 ans à Vendôme
le 24 mars 1697, décédé à St-Allyre de Clermont le 29 avril 1733.
Étant professeur de théologie à St-Germain-des-Prés, de 1711
à 1716, il recueillit les matériaux d'une édition de S. Isidore conservés
dans les mss. lat. de la Bibl. nat. Paris 11676-11680 (*Revue bénéd.*,
XXVIII, 1911, p. 60)].

DELFAU (François).

[Lettre à l'abbé Le Roy datée de Paris le 3 juin 1674 (KUKULA,
III, 1, p. 22-23) ; correspondance (III, 2, p. 23-33).
Lettres de D. De Lannoy, des 28 août et 19 octobre 1672
(*Revue Mabillon*, IX, 1913, 221, 222).
Le Catal. Gougy, sept. 1913, signalait sous le n° 410 : *Index
librorum ad instruendam bibliothecam authore D. Francisco Delfau*,
petit in-8°, 83 ff.]

DELHOM (Jean-Pierre-Vincent).

* Prieur de Fontenay, fut demandé par D. Lenoir comme aide
pour la rédaction de ses Tables. Pour faciliter à ce religieux son
déplacement rendu quelque peu difficile par les secours qu'ils

procurait à son neveu, le Définitoire déclara que le Régime pourvoirait à l'éducation de ce jeune homme (Chapitre général de 1788 ; Arch. nat., Paris, L. 813, n. 17, p. 34). *
Voir plus haut, t. I, p. 155.

DELRUE (Marie-Joseph).

[Circulaires en 1765 *(Revue Mabillon, IV, 1908, 205-211]*.
Lettre au Magistrat de Laon à propos de D. G. Bugniâtre, du 31 août 1762 (D. Th. Réjalot, *D. G. Bugniâtre*, p. 11 ; *Almanach Matot-Braine*, LXII, p. 400 ; v. plus haut, t. III, p. 24).

DEMORÉ (Jacques).

[Né à Mondoubleau, profès à l'âge de 18 ans à Vendôme le 1er sept. 1700, mort à St-Remi de Reims le 9 avril 1717 *(Matricule)*.
Lettre à D. Jean Gelé du 15 nov. 1711 *(Revue bénéd.*, XXVIII, 1911, p. 47-48).]

DENIS (Pierre).

* Dans son *Nécrologe* de l'abbaye de St-Denis en France, Dom R. Fl. Racine a donné une notice sur frère Pierre Denis, commis de la Congrégation de St-Maur, né à Mons en Hainaut, mort le 20 mars 1733, âgé de 75 ans, « le plus habile ouvrier en fer de l'Europe ». Cf. *Revue de la Révolution*, III, 1884, p. 244-246.*

DESCHAMPS (Léonard).

[Lettres adressées par Dales de Corbet à D. D., à St-Julien de Tours (Coll. de Touraine, vol. 29, p. 1-8, 181 ; Lauer, II, 315).]

DESMARRES (René).

* Il a composé le Propre des Saints de Marmoutier. Le chapitre général (9 juin 1775) en autorisa l'impression (Arch. nat. Paris. L. 813. n. 1, p. 37-38). *

DESPAULX (Raymond).

[Voir A. Vignaux. *Dom Despaux, prieur de Sorèze (Revue de Gascogne*, 1910, p. 201) ; *Revue bénéd.*, XXVII, 1911, p. 217, 218].

DES ROCHES (Jean).

[Mention dans une lettre de D. Marsolle du 4 février 1659 *(Revue bénéd.*, XXVIII, 1911, p. 396).]

DEVALLÉE (Boniface).

[*Histoire chronologique de la royale abbaye de St-Maixent en Poitou* (Bibl. Poitiers, ms. 440 ; Bibl. nat. ms. lat. 12684, 12779).
Vies de S. Agapit, de S. Maixent et de S. Léger. M. Al. Richard a publié : *La vie de S. Maixent abbé et patron de la ville qui porte son nom.* Saint-Maixent, 1866, in-12, 36 pp.
Introduction de la congrégation de St-Maur dans l'abbaye de St-Maixent en Poictou l'an 1634 (Bibl. nat. ms. lat. 12684, f. 146-152 ; publié par A. RICHARD, *Chartes et documents pour servir à l'histoire de l'abbaye de St-Maixent* (*Archiv. histor. du Poitou*, XVIII, p. 348-356).
Notes et extraits relatifs à cette abbaye (Bibl. nat. ms. lat. 12684, 12779 ; A. RICHARD, p. 344-348) ; v. *Revue Mabillon*, V, 1909, p. 115-116.]

DEVIENNE (Charles-J. B.).

[J. BENZACAR, *Dom Devienne, historiographe de Guienne (Revue philomathique de Bordeaux et du Sud-Ouest*, 1906, pp. 145-164).
Arrêt du Parlement de Paris condamnant les écrits de l'historien bordelais Dom Devienne contre la congrégation de St-Maur, 6 sept. 1775 (*Archives hist. du dép. de la Gironde*, 1908, p. 384-386).
Observations sur son Histoire de Bordeaux (Bibl. nat. Paris, Coll. de Périgord, vol. 23, f. 165 ; LAUER, II, 11).
Lettre à Malesherbes (Bibl. nat. Paris, n. a. fr. 21196).

DIDON (Gilles).

[Voir LAMBRON DE LIGNIM, *Grands prieurs de Cormery*, 23].

DOË (Nicolas).

[Lettre de D. Guillaume Laparre à D. Doë datée de Rome le 25 août 1699 (KUKULA, III, 2, p. 30).
Voir *Revue bénéd.*, XXVIII, 1911, p. 396].

DORMAND (E.-Antoine).

[Né à St-Etienne, dioc. de Lyon, profès à 18 ans à St-Faron le 13 avril 1746 *(Matricule)*.

Lettre à D. Grenier 1762 (Coll. de Picardie, vol. 237, f. 123; LAUER, II, 165).]

DOUAY (François).

[Lettre de Mabillon du 20 janvier 1672 *(Œuvres posth.*, I, 437-441). Voir DE BOUT, *Orbais*, 414].

DOUSSOT (Joseph).

* Il a travaillé sous la direction de D. Montfaucon à préparer une nouvelle édition du Glossaire de Du Cange *(La Correspondance hist. et archéol.*, juillet-août 1904, p. 211) *

DRUON (Charles-Ant.-Joseph).

[Copie du *Journal historique* (Bibl. nat. Paris, n. a fr. 21252; OMONT, *Catal.*, IV, p. 275).]

DRUON (Pierre-Paul).

[Lettre à D.G. Poirier du 7 ventôse an 10 *(Revue bénéd.*, XXVIII, 1911, p. 218-220). — Voir *Catal. gén. des mss. des bibl. publ. de France*. Paris, Chambre des députés, Paris, 1907, pp. VI-VII, note 1; XIII, note 1; LV-LVI (liste de manuscrits achetés sous l'administration de Druon, 1811-1833) *(Arch. hist. et litt. du Nord de la France*, 2e sér., II, 325-327].

DU BUISSON (Pierre).

[Lettre du 2 déc. 1672 adressée de St-André de Villeneuve à D. Claude Martin (KUKULA, III, 2, p. 25).

Voir L. COUTURE, *L'abbaye de St-Sever* dans *Revue de Gascogne*, XIX, 1878, 181-188, 233-240.]

DUBUSC (Simon).

[Il a écrit une notice sur l'abbaye de Jumièges insérée dans le *Gallia christ.*, XI, 940-981.

Il est l'auteur de l'*Histoire de Jumièges* publiée par Mgr Loth (*Revue Mabillon*, X, 1920, p. 51).

Voir notice par Guéry dans *Journal de Rouen*, 23 mai 1914 et dans *Semaine relig. d'Evreux* du 28 mars 1914.]

DUCASSE (Pierre-Barnabé).

[Voir *Bibl. Ecole chartes*, LXXI, 1910, p. 241 ; PROU et VIDIER, *Chartes de St-Benoît-sur-Loire*, I, p. LXVIII.

DUCHEMIN (Placide).

[Courte notice (*Revue Mabillon*, VI, 1910, p. 281 ; VII, 1911, 3)].

DU CLERC (François).

[Prieur de N. D. de Cohem ; factum (Coll. de Picardie, vol. 198, ff. 174-175 ; LAUER, II, 152).]

DUCROCQ (Thomas).

[A. LEFEBVRE, *Lettre inédite du bénédictin Dom Ducrocq (Bull. de la Soc. acad. de l'arrond. de Boulogne-sur-mer*, t. VIII, 1908-1909, p. 610-614).

Lettre de Mabillon, antérieure au 23 janvier 1694 (*Revue Mabillon*, V, 1909, p. 77).]

DU FOUR (Thomas).

Voir MARTÈNE, *Vie des Justes*, I, 51-53 ; *Hist. Cong. S. Maur*, III, 68-73.

DULAU (Armand).

[A. DUJARRIC-DESCOMBES, *Dom D. et Châteaubriand (Bull. de la Soc. de Borda*, 48e année, 1924, p. 233-243 ; *Revue Mabillon*, XV, 1925, p. 218)].

DU LAURA (Etienne).

* *L'abrégé de l'histoire de St-Maurin par un religieux bénédictin de la Congrégation de St-Maur* édité par Aymard Vacquié (*Revue de l'Agenais*, XXXVIII, 1911, p. 409-422, 538-548), est la réimpression d'une pièce imprimée en 1676 sous forme de tableau sur

une feuille in-plano, d'après l'exemplaire de la Bibl. nat. de Paris, faisant suite à un ms. de Dom du Laura (ms. lat. 12829). D'après une lettre de D. du Laura à D. Mabillon, du 7 janvier 1673 *(ib.,* p. 409-410), il semble bien que l'auteur de cet *Abrégé* est D. du Laura*.

Voir DELISLE, *Cabinet,* II, 63.

DUMAS (Laurent).

[Vie de S. Théau de Solignac (Coll. de Picardie, vol. 140, f. 1 ; LAUER, II, 133).]

DU MAY (Laurent).

[Correspondance avec Bréquigny, vol. 162, f. 177 (POUPARDIN, *Coll. Duchesne,* 181)].

DU MONTHIER (Nicolas).

[Prieur de St-Père en 1700 ; lettre à Gaignières *(Revue Mabillon,* X, 1920, p. 26-27).]

DU PERRAY.

[Doit être Jean Du Peyret, né à Limoges, profès à 17 ans à St-Augustin de Limoges le 10 juin 1732, qui écrivit contre le régime (POIRIER, PRÉCIEUX, *Faits de cause,* 36 ; *Moyens de la cause,* 12 ; voir plus haut t. II, p. 155)].

DUPLESSIS (Toussaint).

[Justification de D. Du Plessis contre quelques endroits de deux mémoires de M. l'abbé Terrisse, au sujet des droits et des titres de l'abbaye royale de St-Ouen de Rouen. in-4° (Coll. de Picardie, vol. 44 ; LAUER, II, 94).]

* Lettre autographe signée à M. Géroult, avocat fiscal du comté d'Eu, Paris, 28 avril 1736. 3 pp. 4°. — Réponse à l'envoi du mémoire de M. Guéroult sur le comté d'Eu (Paris, Ern. Dumont, Catal. 162, oct. 1908, n. 3603). — Lettre a s. à « M. le procureur du Roi en la ville de Paris » 14 mai 1753. 1 p. in-4° *(Revue des autographes,* mai 1909 n° 83), relative à son ouvrage « Nouvelles Annales de Paris ». *

[Elle se trouve aujourd'hui à la Bibl. de Maredsous.]

Lettre de D. Du Plessis, du 21 avril 1730 (*Almanach historique,
topogr. et statist. de Seine-et-Marne* 1906, p. 109 ; v. *Revue Mabillon,*
V, 1909, 66).]

DUPONT (Maur).

[Voir MARTÈNE, *Vie des Justes*, I, 76-77 ; *Hist. Cong. S. Maur,*
III, 223-226.]

DUPRÉ (Claude).

[Lettres à D. B. de Montfaucon du 24 nov. 1720 (*Revue bénéd.,*
XXVIII, 1911, p. 55 ; à M. Hérault du 3 sept. 1729 (*Revue Mabillon,*
IV, 1908, 515-516) ; à D. Martène (*ib.,* V, 1909, 439-440).
   Sur sa nomination au priorat de St-Germain-des-Prés en 1729,
v. note dans *Revue Mabillon*, XXVI, 1909, p. 339, n. 1).]

DURAND (Jean).

[Les trois lettres à Bulteau de la Collection Wilhelm ont été
publiées par Valery (I, 198-202, 282-285, 291-295) d'après un manuscrit particulier.
   Correspondance (KUKULA, III, 2, p. 26-23).]

DURAND (Ursin).

[Lettre à D. Badier, écrite de Corbie en Saxe 1718, signalée par
D. GRENIER, *Hist. de Corbie*, 88-89, 132-133.
   Lettre de D. Célestin Lombard, écrite de St-Laurent de Liége,
le 3 juin 1720 (*Leodium*, XI, 1912, p. 144-147).
   Voir FRANKLIN, II, 259, 362 ; PERREAU, 34.]

DURANT (Marc).

[Poète épique ; voir T. TOINET, Quelques recherches autour des
poèmes héroïco-épiques français du XVIIe siècle. T. III des *Notes
pour servir à l'hist. litt. du XVIIe s.* Tulle, 1899.]

DURBAN (Antoine).

[Fragments de lettres adressées de Rome (KUKULA, I, 31, 42,
81-83) ; correspondance (*ib.,* III, 2, p. 24, 26-33).
   D. PAUL DENIS, *Lettres de Bénédictins français : la correspondance
de D. Antoine Durban (Revue Mabillon,* VI, 1910, p. 157-211,

280-299 ; VII. 1911, p. 1-16) : lettres adressées à Mabillon et à Dachery, et analyse des notes prises par D. de Vic pendant son séjour à Rome avec D. Durban, d'après le ms. lat. 17689.

Voir MARTÈNE, *Vie des Justes*, II, 145-148].

DUREAU (Jean-François).

[Né à Vimarcé, dioc. du Mans, profès à 18 ans à St-Florent de Saumur le 21 octobre 1744 (*Matricule*), curé constitutionnel en 1791, mort probablement en 1799 (*Revue de Bretagne*, 1910, p. 72 note 2).

Cours de théologie donné à St-Florent de Saumur (SACHÉ, *Inventaire*, p. 199-200).

Lettre du 29 août 1781 (*ib.*, 389).]

DU SAULT (Jean-Paul).

[*Entretiens avec* J.-C. Lyon, Tournachon, 1807, 16º ; Avignon. Chambeau, 1820, 16º ; Lyon et Paris, Périsse, 1829, 16º (B. M.).

Censure de 8 propositions des *Entretiens* par le P. Jean d'Antun S. J. (*Ami de la Religion*, LII, 368 ; SOMMERVOGEL, I, 666).

Il y a eu une traduction italienne des « Avis et réflexions » : *Avvisi e riflessioni sopra le obbligazioni dello stato religioso per animare quelli che lo hanno abbracciato ad adempiere la loro vocazione* comp. da ... Rel. Bened. della Cong. di S. Mauro. Venise, Bettinelli, 1748, 2 vol. 8º (B. M.) ; autre éd. Venise, 1754, 2 vol. 8º. Voir COLONIA, *Bibl. janséniste*, I, 40-42.]

DUVAL (Jacques-Etienne).

Travaux sur la généalogie de la famille de Rohan (*Revue bénéd.*, XXVIII, 1911, p. 202).]

Voir FRANKLIN, I, 117, 125.

E

ÉLIE (Jean).

[Lettre à D. Erasme Gattola, du Mont-Cassin, du 31 décembre 1686 (*Riv. stor. benedett.*, VIII, 1913, 283 ; ETTINGER, 28, note).]

ENGRAND (Henri).

Voir *Cat. gén. mss. Dép.*, XXXIX, 922, 925.

ESPINASSE (Antoine).

[Voir *Revue Mabillon*, VI, 1910, 285 ; D. BESSE. (*Bull. Soc. scientif. Corrèze*, 1902, p. 89-84) ; MARTÈNE, *Vie des Justes*, II, 20-24.]

ESTARAC (Augustin-François).

[Voir L. RICAUD, *L'abbaye de St-Pé*. Bagnières-de-Bigorre, 1912, p. 192-193, 204.]

ESTIENNOT (Claude).

[A. VIDIER, *Un ami de Mabillon. Dom Claude Estiennot (Mélanges Mabillon*, p. 279-312). En appendice l'auteur a publié l'*Hagiologion Gallicanum* composé de 1673 à 1676 par D. Estiennot d'après les martyrologes et calendriers manuscrits à l'intention de Mabillon.

J. DEPOIN, *Un historien du Vexin : D. Claude Estiennot (Mém. de la Soc. hist. et archéol. de l'arrond. de Pontoise*, t. XXVIII, 1908, p. 183-190).

Les vol. XV-XVII du Recueil de D. Estiennot décrits dans le *Cat. de la Bibl. de l'Arsenal* (t. II, p. 218-231) ont été réunis aux 14 premiers volumes, Bibl. nat. Paris lat 12673-12776 sous les nos n. a. l. 2055-2057 (OMONT, *Nouv. acq. du Dép. des mss. pendant les années* 1891-1919. Paris, 1912, p. XXXIX ; *Bibl. Ecole Chartes*, LXXIV, 1913, p. 18).

Extraits sur les abbayes du Périgord (Bibl. nat. Paris, Coll. du Périgord, vol. 29 ; LAUER, II, 15) ; autres extraits (vol. 180 ; LAUER, II, 74).

A. DEGERT, *Le monastère de St-Vincent de Xaintes* d'après D. Estiennot (*Bull. de la Soc. de Borda-Dax*, LI, 1927, 133-136).

Travaux sur l'abbaye de St-Benoît-sur-Loire et ses dépendances. (PROU et VIDIER, *St-Benoît-sur-Loire*, p. LXXXVI-LXXXVII).

Travaux sur Montmajour (v. *Annales du Midi*, XXV, 1913, p. 26, n. 3 ; *Revue Mabillon*, X, 1914-20, p. 60-64).

J. HUBERT, *Une visite de D. Cl. E. à St-Genou de l'Estrée en 1673*. (*Revue du Berry et du Centre*, 1927, p. 27-30).

F. Deshoulières, *Monuments funéraires relevés en Berry par D.Cl. E. (Mém. Soc. Antiq. du Centre*, XI., 1921, p. 172-190).

Extraits du nécrologe de Ste-Catherine d'Avignon (*Revue Mabillon*, X, 1914-20, p. 55-60), et Inventaire du trésor de St-Jean d'Arles (*ib.*, 64).

Sur les travaux concernant Noaillé, v. *Bibl. Ecole des Chartes*, II, 75-76.

J. Beyssac, *Obituaire de l'église coll. de N.-D. de Montbrison (Bull. de la Diane*, 1911, p. 199-236) d'après les extraits faits par D. Estiennot.

D. J. M. Besse, *Martyrologe et nécrologe de St-André de Villeneuve*, d'après les copies de D. Estiennot (*Revue Mabillon*, V, 1909, p. 229-249).

On trouvera dans le t. II des *Obituaires de la Province de Sens* publ. par A. Molinier, Paris, 1906, des notes nécrologiques sur l'abbaye de Vendôme tirées d'un recueil de D. Estiennot (pp. 205-206, d'après le ms. 1008 de l'Arsenal, p. 579, 583-585); sur l'abbaye de St-Avit de Châteaudun (pp. 220-223), d'après le même ms. (pp. 25-29), de celle de St-Jean en Vallée (pp. 232-233, d'après le même ms. p. 217).

Fragments de correspondance avec Mabillon (Griselle, *Fénelon*. Paris, 1911, p. 280-282). — Lettre de Mabillon du 4 nov. 1697 (*Revue Mabillon*, V, 1909, 91-92).]

* Lettre d'Et. Baluze, Paris, 10 mars 1690, 3 p. 4° (Catal. d'une préc. réunion de lettres autographes... vente 23 mai 1914. Paris, Charavay, 1914, n° 7, p. 2) *

Lettres à Baluze, Rome juillet 1690-nov. 1691 (Coll. Baluze, vol. 320, f. 1-34 : *Catal.*, 354) ; 4 lettres, Rome 26 avril-13 déc. 1689 (*ib.*, vol. 354 ; *Catal.*, p. 401); Rome 29 avril 1692 (*ib.*, 354 ; *Catal.*, p. 401) ; 6 avril et 22 déc. 1695 (*ib.*, p. 402).

Correspondance avec le Mont-Cassin (E.D. Petrella, *Lettere inedite del Mabillon,... dell'Estiennot... (Riv. stor. benedettina*, VII, 1912, p. 229-296). L'inventaire ou le texte de ces 36 lettres a été publié par D. Angelo Ettinger.

Postscriptum à une lettre de Mabillon 10 juillet 1685 (Bibl. Reims ; *Cat. gén. mss. Dép.*, XXXIX, 1085).

Demande de renseignements sur sa vie (*Revue Mabillon*, V, 1909, 34).

Voir D. Paul Denis, *Nouvelles de Rome* (Documents pour servir à l'Hist. relig. des XVIIe et XVIIIe S. publ. par l'abbé A. M. P. Ingold). t. I, Paris, 1913, 8°, passim.]

ÉVRARD (Jean-Jacques).

[Pour DD. Littré et Évrard contre D. Eynault, prieur de S^t. Germer, XVIIIe s. (Coll. de Picardie, vol. 71, f. 177 ; LAUER, II, 111).]

EYME (Étienne-Richard).

[Extrait d'une lettre du 8 août 1765 (MABILLE, *Cartulaire de Marmoutiers pour le Dunois*. Paris, 1874, p. V ; voir Coll. Moreau, vol. 349, p. 12).]

F

FABRE (Louis).

[Lettre a. s. 3 pp. in-4° du 23 juin 1778 à M. Necker, demandant de lui faire tenir certains ouvrages ; autrefois le roi lui faisait parvenir ce qui était imprimé au Louvre (Catal. 26 de Saffroy, juin 1931, n. 19137).

Lettre de M. Emery à D. Fabre, 1784, 1 p. in-4°, pour le remercier au sujet des compliments envoyés à l'occasion de sa nomination à l'abbaye de Boisgroland (*ib.*, n. 19130).]

FAURE (Jean).

* Il y avait un D. Jean Faure, cellerier de Montolieu en 1790, âgé de 79 ans, né à Tarascon, dioc. de Pamiers, profès à 18 ans le 21 sept. 1729 à La Daurade (v. D. L. LEVÊQUE, 15-16).*

FAYE (André-Joseph).

[Prieur de St-Maixent, auteur présumé d'un travail sur l'introduction de la réforme de St-Maur dans ce monastère (Bibl. nat. Paris, lat. 12684, f. 167-175 ; *Revue Mabillon*, V, 1909, p. 116).]

FÉLIBIEN (Michel).

[Fils d'André et de Marguerite Le Maire, baptisé le 14 sept 1664 à St-Saturnin (Vol. du *Cinquantenaire de la Soc. archéol. d'Eure-et-Loir*, 240-241).

Prospectus de son *Hist. de St-Denis* (Coll. de Picardie, vol. 225, f. 69,72 ; LAUER, II, 159). — Sur cette *Histoire*, v. *Revue Mabillon*, V, 1909, 24-26.

Lettre du card. Paulucci du 17 août 1706 (VALERY, III, 152).

La lettre à Moreau de Mautour du 9 janvier 1719 mentionnée plus haut (t. I, p. 216) a été publiée dans la *Revue bénéd.*, XXV, 1908, p. 378.

Voir FRANKLIN, I, 210, 215 ; III, 182, 321.]

FERLUS (François).

[CHRÉTIEN LE ROY, Lettre d'un professeur émérite de l'Université de Paris, en réponse au R. P. D. V. prieur de... relig. bénéd. de la Cong. de S. Maur sur l'éducation publique au sujet des Exercices de l'abbaye royale de Sorèze. Bruxelles, 1777, 8°, 342 p.

Voir CL. PERRAUD, *L'école de Sorèze pendant la Révolution (Revue des Pyrénées*, XXII, 1910, p. 593-633).]

FERRY (Marcellin).

[Voir MARTÈNE, *Vie des Justes*, I, 81-82 ; *Hist. Cong. S. Maur*, III, 238-241.]

FIESQUE (Bède de).

[Lettre adressée à D. Claude Chantelou, datée de St-Aubin d'Angers le 23 nov. 1663 (PIOLIN, *Biographie de D. Cl. Chantelou*. 1879, p. 45-51) ; voir plus haut, t. I, p. 87.

Notice extraite de la *Vie des Justes* par D. Martène *(L'Anjou historique*, VIII, 1908, p. 571-574); *Vie des Justes*, ed. Heurtebize, II, 28-32.)]

FILLAND (Martin).

[Travaux sur les Saints de St-Wandrille *(Revue Mabillon*, V, 1909, 456)].

FILLASTRE (Guillaume).

[Lettre adressée de St-Germain-des-Prés le 22 juillet 1690 à D. Jean Niset, sous-prieur de l'abbaye de Liessies, accompagnant l'envoi d'une Déclaration pour les portions congrues (Arch. dép. du Nord à Lille, 9 H. 78)].

FLAMBART (Gabriel).

[Sur sa procure à Rome, voir *Revue Mabillon*, VI, 1910, p. 163-164, 209-211.]

FOMBERT (Maur-Florimond).

[Né à Beauvais, profès à Vendôme le 5 avril 1688, à l'âge de 24 ans, décédé le 12 novembre 1735 à St-Eloi de Noyon (*Matricule*).

Lettre à Et. de Nully, au nom de D. Mabillon, 6 fév. 1695 (D. PAUL DENIS, *Lettres autogr. de la Coll. de Troussures*, 264-267 ; *Revue Mabillon*, V, 1909, 509-513).]

FONTAINE (Louis-Charles-Magne).

[Né à Fécamp le 21 août 1715, décédé au Bec en février 1782. Le travail de M. A. Guéry (*Deux Bénédictins normands. D. L. A. Blandin (1760-1848) ; D. L. C. M. Fontaine (1715-1782)* (*Revue cathol. de Normandie* t. XXVIII, 15 janv. 1914, p. 289-311, 377-397, 457-492, 569-583). Evreux, 1914, 8°) contient d'intéressants renseignements sur sa vie spirituelle et la direction des novices.

FONTENEAU (Léonard).

* Travaux sur Noaillé (*Bibl. Ecole Chartes*, II, 75-76).

Notes sur ce bénédictin par M. Audiat (*Archives histor. de la Saintonge et Aunis*, XII, 246 ; *Revue de Saintonge et d'Aunis*, X, 73, 145-154 ; XI, 220).

ED. AUDOUIN, *Manuscrits de D. Fonteneau conservés aux Archives de la Vienne et concernant les privilèges de St-Nicolas de Poitiers et de Montierneuf* (*Bull. Soc. Antiq. de l'Ouest*, 3e série, t. VI, 1922, p. 142-150). — Du même, *Manuscrits retrouvés de dom F. concernant les privilèges du prieuré de St-Nicolas de Poitiers et de l'abbaye de Montierneuf* (*Congrès des Soc. savantes*, 29 mars-2 avril 1921).*

FOUGERAS (Victor).

* Lettre à D. Jacques Fortet, rel. bénéd. à St-Germain-des-Prés à Paris. — St-Malo ce 13 août 1745. 5 pp. in-4° (Arch. Nat. Paris,

M. 728). Il lui envoie des renseignements sur le prieuré de St-Malo et sur les Bénédictins anglais qui l'avaient occupé avant l'introduction des Bénédictins de St-Maur. *

FOULON (Marie-Nicolas).

* D. Foulon fit un rapport sur son travail à propos du *Breviarium* le 14 mai 1785 dans la Diète, qui l'approuva (Arch. nat. Paris, L. 813, n. 15). *

FOUQUET (Maur).

Voir *Revue Mabillon*, XI, 1921, p. 182.

FOURNIER (Achille J.-B.).

[Prospectus de l'*Histoire de l'homme*. Impr. Soissons, 1777, 4 pp. petit in-8° (Coll. de Picardie, vol. 225, f. 124 ; LAUER, II, 160)].

FRÉGEAC (Antoine-Ambroise).

[Etant prieur de St-Maixent il composa une « Relation des faits qui se sont passés à l'abbaye de St-Maixent de 1669 à 1671 » (Bibl. nat. Paris, lat. 12684, f. 134-140), publiée par A. RICHARD, *Chartes et documents pour servir à l'histoire de l'abbaye de Saint-Maixent* (*Arch. hist. du Poitou*, t. XVIII, p. 356-373) ; v. *Revue Mabillon*, V, 1909 p. 116.]

G

GALLAIS (Jean-Pierre).

[*Dix-huit Fructidor, ses causes et ses effets*. Hambourg, 1799, 2 t. en un vol. 8° (B. M.)

Sur l'activité littéraire et journalistique de cet ancien bénédictin (né à Doué le 18 janvier 1756, mort à Paris le 26 oct. 1820), voir la notice de F. X. de Feller, *Biographie universelle*, Paris, 1848, t. V, p. 325-326].

GALLOPIN (Pierre).

[Factums pour D. G., de St-Corneille de Compiègne, contre les religieuses du Val-de-Grâce (Coll. de Picardie, vol. 86, f. 155 ; LAUER, II, 116).

Factums pour sa cure du Crucifix (A. DE MARSY, *Bibliographie Compiégnoise*, n. 126, 127. p. 35-36).]

GARET (Jean).

[Portrait par A. Miroeus (Catal. Em. Saffroy 23. déc. 1930, n. 16852).

Correspondance avec D. Antoine Durban *(Revue Mabillon*, VI, 1910, p. 183).

Sur son édition de Cassiodore *(Revue bénéd.*, XXVIII. 1911, p. 404).]

GARNIER (Guillaume).

[Correspondance avec Gaignières *(Revue Mabillon*, X, 1920, 24-25, où il est appelé Saônier)].

GARNIER (Julien).

[Prospectus de l'édition de S. Basile. Paris, 1720, 8 pp. in-4°, (Coll. de Picardie, vol. 225, f. 110, 114 ; LAUER, II, 160)].

GÉRARD (Jean).

[Correspondance (Coll. de Picardie, vol. 49 ; LAUER, II, 97).]

GERBERON (Gabriel).

[CH. FILLIATRE, *Gerberon, éditeur janséniste des œuvres de S. Anselme (Bull. Soc. Antiq. de Normandie*, XXXIV, 1921. p. 1-116). Paris, 1920, 8° ; — CH. FILLIATRE, *Gerberon, bénédictin janséniste du XVIIe s. (Revue histor.*, CXLVI, mai-juin 1924, p. 1-54).

Arch. nat. Paris, Série L. Carton 14. M, 4 : Poursuite contre les PP. Quesnel et Gerberon aux Pays-Bas, 1703-1704.

Le Catal. 260 de S. Bocca. signalait sous le n° 516 : *Processus officii fiscalis curiae ecclesiasticae Mechliniensis contra D.Gabrielem Gerberon ord. S. Ben. Cong. S. Mauri qui e Gallia profugus sub*

*veste laica et nomine ficto Ang. Kergré in Belgio per plures annos
latitaverat.* Bruxellis, vid. P. V. de Velde, 1704, 8º ; la Bibl. de Maredsous l'a acquis.

Le *Miroir de la piété chrétienne* est de 1670 et non de 1676 (*Revue
Mabillon*, VI, 1910, p. 286).

Histoire de la robe sans couture. 2º éd. Paris, Josset, 1686, in-16
(B. M.).

Sur son séjour à Corbie (Coll. de Picardie, vol. 30, f. 309 ; LAUER,
II, 89).

Manifeste pour D. Gab. Gerberon... sous-prieur de... Corbie,
adressé à M. le marquis de Seignelay 1683 (Bibl. nat. Paris, N. acq.
fr. 22306, f. 207 ; OMONT, *Catal.*, IV, p. 446).

Voir CLÉMENCET, *Port-Royal*, ms. 4533 Bibl. Mazarine, 38 pp.
(*Cat. gén. mss.*,XLV, p. 37).

Voir *Analectes pour servir à l'hist. eccl. de Belgique*, XVIII, 435 ;
Biographie nation. de Belgique, VII, 405 ; COLONIA, *Bibl. jansén.*,
I, 19, 29, 30, 68, 69, 74, 81-82, 108-109, 140, 144-146, 159-160, 161,
170, 173-174, 185-186, 196, 207-208, 220, 243, 252-254, 297, 298,
299-300, 326, 339-340 ; II, 13, 14-15, 34, 36, 38-41, 52, 53, 54, 75,
148-149, 178-179, 196-197, 245-246, 249-250, 294 ; *Dict. de théol.
cath.*, VI, 1290-1294 ; FOPPENS, *Compendium episc. Brugen.*,
1731, 61 ; *Revue Mabillon*, VI, 1910, 165.]

GERMAIN (Michel).

[*Notice d'un ancien manuscrit en vers français, imprimé par
Michel Germain, bénédictin, et conservé dans le célèbre monastère
de N. D. de Soissons.* S. l. n. d., in-8º broch. (Champion, Catalogue
d'une importante collection de livres de bibliographie (Pierre
Deschamps), n. 1583.

Sur l'*Histoire de N. D. de Soissons*, v. *Bibl. Ecole des Chartes*, 3º
sér., V, 1854, 446, note 4.

Correspondance avec le Mont-Cassin (E. D. PETRELLA, *Lettere
inedite del Mabillon, del Germain...* (*Riv. stor. benedettina*, VII,
1912, p. 229-296). Les 17 lettres de D. M. Germain sont analysées
ou éditées par D. Angelo Ettinger.

Correspondance dans le ms. 1932 de Reims (*Cat. gén. mss. Dép.*,
XXXIX, 992).]

GÉROU (Guillaume).

[Lettres à l'abbé Rangeard du 23 décembre 1754 (*Revue bénéd.*,

XXV,1908, p. 242-243), à D. Deforis du 14 avril 1761 (*ib.*, 243-244).]

GESLU (Louis).

Au lieu de *Geslin* (Louis), t. I, p. 250, il faut lire : *Geslu*.

GESVRES (François).

[Tractatus de incarnatione Christi, 1698 (Bibl. nat. Paris, n. a. l. 2050 ; *Bibl. Ecole Chartes*, LXXIV, 1913, p. 17).
Voir *Dict. théol. cathol.*, VI, 1340 ; *Revue Mabillon*, XI, 1921, p. 188-189).]

GIBERT (J.-B.).

[J.-B. Gibert, né à Angers, profès à St-Florent de Saumur le 11 juillet 1748, à l'âge de 21 ans (*Matricule*).
Autographe à Angers, ms. 633 *(Cat. gén. mss. Dép.*, XXXI, 403).]

GILBERT (Mathieu).

*Né à Pontoise, profès à Vendôme le 7 février 1666 à l'âge de 20 ans, décédé le 9 avril 1710 à Fécamp (*Matricule*). *
Voir *Revue Mabillon*, XI, 1921, p. 187.

GILLES (Eustache).

Voir *Revue Mabillon*, XI, 1921, p. 183.

GILLESSON (Henri-Bonaventure).

[Notices sur St-Jean-aux-Bois (Coll. Picardie, vol. 21, f. 703 ; LAUER, II, 86).
Annales de la très noble et ancienne ville et cité de Soissons (Coll. Picardie 23 = ms. fr. 11672 ; anc. Suppl. fr. 3249 (LAUER, II, 86).]

GIRARD (Guillaume).

* Né à Paris, profès aux Blancs-Manteaux le 6 avril 1623 à l'âge de 33 ans, décédé au Bec le 12 septembre 1648 (*Matricule*). *
[Il est auteur d'une vie de S. Wandrille (*Revue Mabillon*, VII, 1908, 307, 313).]

GOIZOT (Nicolas).

Lettre du 19 janvier 1696 (*Revue Bossuet*, 1907, Supp. VI, p. 133-134).

Lettre à Baluze (Coll. Baluze, vol. 84, en tête ; *Catal.*, 91).

Lettre sur la mort de D. Pl. Porcheron 1694 *(Ib.*, vol. 62, f. 360 ; *Catal.*, 77).

GOMEAU (Jean).

[Lettre de Jean Soanen, év. de Senez à D. Gomeau à propos de sa réponse à Thuillier *(Lettres de J. Soanen*, I, 276-277).
Voir *Revue Bénéd.*, XXVI, 1909, p. 343.]

GOSSE (Pierre).

Voir MARTÈNE, *Hist. Cong. S. Maur*, II, 212.

GOUGET (Benoît).

[Prières du soir composées par D. B. Gouget (Coll. Mancel à Caen ms. 120, f. 158 ; *Cat. gén. mss. Dép.*, XLIV, p. 257).

Documents relatifs à sa vie et à sa succession *(ib.*, f. 89ᵛ, 159 ; *Catal.*, 257).

Son ouvrage a été traduit en allemand : *Staats-frag wo man untersucht ob die Ordensgeistliche welche Einkünfte haben, dem Staat nützlich oder schädlich sind*. Uebersetzt von J. B. D. B. V. E. 1764, 8º, 5 ff. + 128 pp. (B. M.)]

GOURDIN (François-Philippe).

[DE LA BUNODIÈRE, *Dom Gourdin et les Aérostats (Précis analyt. des Travaux de l'Acad. de Rouen* 1910-1911, p. 107-125).

G. VERNIER, *Dom G., bibliothécaire de l'Acad. de Rouen (Bull. Soc. Hist. Normandie*, 1913-1918, p. 292-295). — LÉON DERIÈS, *La vie d'un bibliothécaire : Dom Gourdin*, 1739-1825 *(Revue Mabillon*, XVIII, 1928, p. 209-239).]

GRARE, GRARD (Alexandre-Joseph).

[Né à Douai, profès à 22 ans à Sᵗ-Faron le 10 juin 1774 *(Matricule)*.
Voir PÉCHEUR, *Hist. des bibliothèques publ. du Dép. de l'Aisne*. Soissons, 1884, 112-113.]

GRENIER (Pierre-Nicolas).

[Son *Histoire de la ville et du comté de Corbie*, des origines à 1400, forme le t. I des *Documents inédits sur l'abbaye, le comté et la ville de Corbie* publiés par la Soc. des Antiq. de Picardie. Paris, Picard, 1910, 4°, XI-560 p.

Notice historique sur Crécy tirée des manuscrits de Dom Grenier, historiographe de Picardie, mise en ordre par de Cayrol. Abbeville, 1837, 8°, 42 pp.

Prospectus de la notice historique de Picardie, 1786, 23 pp. in-4°. (Coll. de Picardie, vol. 140, f. 97 ; LAUER, II, 133) ; plusieurs exemplaires *(ib.*, II, 133 ; vol. 56 ; LAUER, II, 101).

Avis aux naturalistes et aux antiquaires de la province de Picardie 1767, 4 pp. impr. in-4° *(ib.*, f. 115 ; LAUER, l. c.) ; plusieurs exemplaires *(ib.*, II, 134). Autres exemplaires dans plusieurs volumes de cette collection, 160, 184, 191, 225.

Sur l'Histoire de Picardie, v. *Revue Mabillon*, XVIII, 1928, p. 118-121.

Documents géographiques (Coll. de Picardie, vol. 49 ; LAUER, II, 97).

Histoire de la ville et du comté de Corbie, autographie (vol. 50-53 ; LAUER, II, 97-98).

Documents sur des localités de Picardie (vol. 54 ; *ib.*, 98) ; — Copies (vol. 57-57 bis ; LAUER, II, 101-102).

Notices d'antiquités romaines découvertes dans la Picardie et l'Artois (Coll. de Picardie, vol. 42, f. 1 ; LAUER, II, 93).

Brouillon d'« Annales de la Seconde Belgique » jusqu'en 511 (vol. 42, f. 190 ; LAUER, l. c.)

Notes pour la continuation des *Annales O. S. B.* (vol. 43 ; LAUER. l. c.)

Inventaire de titres de Corbie (vol. 48 ; LAUER, II, 97).

Pièces relatives à ses travaux pour le Comité des chartes (Coll. de Picardie, vol. 36 ; LAUER, II, 91) ; vol. 39 *(ib.*, II, 92) ; vol. 40 (II, 92).

Correspondance (vol. 41 ; LAUER, II, 92).

Pièces relatives à ses ordinations (vol. 41, f. 506 ; *ib.*)

Thrésor héraldique de Picardie (vol. 45, f. 230 ; LAUER, II, 95).

Copies de chartes relatives à la Picardie (vol. 240-241 ; LAUER, II, 167 ; vol. 244-248 ; LAUER, II, 169).

Copie d'un Cartulaire de Longpont *(ib.*, 24 ; LAUER, II, 87).

Copie de chartes relatives à la Picardie, 1782-1783 (vol. 89 ; LAUER, II, 118-119).

Armorial des nobles de Picardie (vol. 147, f. 14 ; LAUER, II, 134).

Dépouillements d'imprimés (*ib.*, vol. 153 ; LAUER, II, 137).

Notice historique de Picardie (vol. 158-184 ; LAUER, II, 139-148).

Matériaux pour servir à la rédaction d'un Dictionnaire topographique de Picardie (vol. 226-229 ; LAUER, II, 163).

Copies de chartes concernant la Picardie (vol. 230-235 ; LAUER, II, 163-164).

Matériaux divers pour l'histoire et la géographie de la Picardie et du Laonnais (vol. 236-237 ; LAUER, II, 164-166).

Minute d'une pétition en faveur de l'archiviste Lemoine (vol. 278, f. 1 ; LAUER, II, 175).

Lettres de Ginet de Maimberle, 8 janvier 1764 (Coll. de Picardie, vol. 214, f. 186 ; LAUER, II, 155-156).

Lettre de Prophette, 12 déc. 1771 (vol. 220, f. 229 ; LAUER, II, 157).

Lettre de Lévesque de la Ravalière à D. G., 1742 (vol. 156, f. 1 ; LAUER, II, 139).

Billet du P. Daire à D. G. (vol. 151, f. 222 ; LAUER, II, 136).]

GRISEL (Guillaume).

[Né à Cany (dioc. Rouen), profès à Lyre le 21 oct. 1696, à l'âge de 22 ans, décédé le 8 janvier 1750 à St-Ouen de Rouen (*Matricule*).

Voir LE CERF, *H. C.*, 312-315 ; *Revue bénéd.*, XXVIII, 1911, p. 50.]

GROULT D'ARCY (Nicolas-Joseph).

Voir D. DELATTE, *Dom Guéranger*, 2e éd. Paris, 1910, I, 112, 150, 163-164.

GUARIN (Pierre).

[Les lettres à Masclef ont été publiées par D. Paul Denis : *Dom Pierre Guarin et le chanoine Masclef. Deux grammaires hébraïques au commencement du XVIIIe siècle (Revue Mabillon*, IV, 1908, p. 39-67, 145-195) : v. G. LEPREUX, *Gallia typogr.*, I, 149-152.]

GUÉRARD (Robert).

Voir COLONIA, *Bibl. jansén.*, 1-3.

GUEUDEVILLE (Nicolas).

Voir D. PAUL DENIS, *Lettres autographes de la Coll. de Troussures*, 1912, p. 185.

GUILLOT (Jean).

[Onze lettres à D. Erasme Gattola (A. ETTINGER, nº 25, 29-33 36, 37, 40, 113, 114).]

GUYARD (Antoine).

[La *Dissertation sur l'honoraire des messes* a été traduite en allemand : *Dringende Vorstellung an die Religion wider die Halb-guldenmesse und Priestermiethe*. Eine französische Abhandlung des berühmten Don Anton Guyard Benediktiners der Kongre-gation des h. Maurus. Auf die österreichische Kirche angewendet, von Karl Jos. Huber. Zweite Aufl. Wien, Sonnleithner, 1783, 8º, 203 pp. (B. M.) — et en italien : *Dissertazione su l'onorario delle messe*. Napoli, 1768.]

H

HACHETTE (Jean-François).

* Né à Reims, profés à St-Faron de Meaux, à l'âge de 19 ans, le 6 juillet 1701, mort à St-Nicolas-au-Bois, prieur, le 3 septembre 1752 *(Matricule)*.

Lettre de D. Hachette à M. de St-Florentin 21 juin 1733 et Réponse du secrétaire d'Etat (PERREAU, 95). *

[Lettre du 12 février 1719, datée de St-Corneille de Compiègne *(Cat. gén. mss. Dép.*, XLV, 110).]

* Voir JADART, *Journal de D. Pierre Chastelain*, 81, 82, 89, 91 ; GIVELET, 312 ; NOEL, 196.*

HAREL (Jean).

Voir MARTÈNE, *Vie des Justes*, I, 97-107 ; *Hist. Cong. St-Maur*, IV, 192-199.

HAUTEMENT (Michel).

[Correspondance avec M. de Montgeron ; ms. 53 de l'Institut catholique de Paris (note de M. J. E. Godefroy).]

HÉBERT (Louis-Ambroise).

[Sur le projet de *Theologia benedictina* v. *Revue Mabillon*, VI, 1910, p. 165 ; — sur ses travaux *(ib.,* IX, 1913-14, 226).]

HENRY (Pierre).

[Correspondance avec Dom Jean François, bénédictin de la cong. de St-Vanne, au sujet du tome XIII du *Gallia*, d'après le recueil d'Epinal t. III, f. 172-190, de 1763 à 1773, publiée par M. Dorvaux dans le *Journal de Dom Jean François* 1760-1772. Metz, 1913, p. 235-250.] ·

HÉRISSÉ (Charles).

[Notice de D. Martène publiée par Uzureau *(L'Anjou historique* VIII, 1908, p. 579-580; *Vie des Justes*, éd. Heurtebize, III, 143).]

HERVIN (Jean).

[Les deux lettres à D. Anselme Costadoni ont été publiées par moi *(Revue bénéd.,* XXV, 1908, p. 244-246).
Sur sa coopération à l'édition des Conciles des Gaules*(ib.,* XXVIII, 1911, p. 203.]

HODIN (Félix).

[Lettre de Hoynk van Papendrecht, Malines 21 juin 1732, critique du t. V du *Gallia (Bijdragen voor de geschiedenis van het bisdom Haarlem,* XXXVIII, 1918, p. 301-302).]

HOLLANDE (Louis).

* Né à Montpellier, profès à N. D. de la Daurade à Toulouse, âgé de 16 ans, le 15 mai 1722, décédé le 22 novembre 1779, sous-diacre, à St-Baudile de Nîmes. *(Matricule)* *
[« Tables généalogiques des Empereurs, rois et autres souverains » (ms. 104 de la Soc. archéol. de Montpellier *(Revue Mabillon,* XI, 1922, 203).]

HOSTALLERIE (Charles Petey de l').

[D. PAUL DENIS, *Dom Charles de l'Hostallerie, 9e supérieur généra de la Congrégation de Saint-Maur 1714-1720. Sa vie et ses lettres (Revue Mabillon*, V, 1909, p. 1-65, 336-403, 429-458) avec lettres à D. Ruinart, D. Coustant, D. de Vic, D. Laparre.

Lettre à D. Calmet du 10 oct. 1715 (GUILLAUME, *Nouv. docum. inédits sur la correspondance de D. Calmet*, 1874, p. 56).]

HOUSSEAU (Étienne).

[Brière (*Mélanges hist. et litt.*, pp. 18-20) a publié deux lettres de l'abbé Belin de Béru à D. Housseau, bénédictin à St-Germain-des-Prés, datées du Mans 26 février et 12 mars 1761.

Lettres adressées à D. H., 1745-1762 (Coll. de Touraine, vol. 29 ; LAUER, II, 315).]

HOUSSET (Richard-Tanneguy).

[De Rouen, profès à Lyre le 15 février 1682, décédé à St-Etienne de Caen le 2 juillet 1723 (*Matricule*).

Lettre à D. Jean Gelé du 13 oct. 1713 (*Revue bénéd.*, XXVIII, 1911, p. 49).]

HUET (J.-B.).

[*Oraison funèbre de Mgr le Dauphin, prononcée en l'église de l'Abbaye royale de Saint-Corneille de Compiègne le 25* janvier 1766 *et le 27 en celle de Royal-Lieu*. Compiègne, Bertrand, 1766, in-4° 37 p. (A. DE MARSY, *Bibliographie Compiégnoise*, n. 137).]

HUNAULT (Pierre-Laurent).

[Notice de D. Martène publiée par Uzureau (*l'Anjou historique*, VIII, 1908, p. 576 ; D. HEURTEBIZE, *Vie des Justes*, II, 144-145).

Voir *Revue Mabillon*, VII, 47-50, 72, 314.]

HUYNES (Martin-Jean).

[Voir la notice d'Eug. de Beaurepaire, *Les essais historiques des (moines de la Cong. de S. Maur au XVIIe s. sur le Mont-St-Michel Mém. de l'Acad. des sciences, arts et belles-lettres de Caen*, XXXI, 1877, 580-605). Caen, 1877, 8°.

Le ms. de l'*Histoire de St-Florent de Saumur*, conservé aux Archives dép. de Maine-et-Loire, est décrit par Saché (*Inventaire*, H. 3716, p. 582-583). — Un extrait de cette *Histoire* a été publié par Uzureau, *Congrégation de S. Maur : Les débuts de la prov. de Bretagne (Revue Mabillon*, XIV, 1924, p. 90-95).

Sur les deux rédactions de cette *Histoire*, les manuscrits et sa valeur, v. Lucien Auvray, *Essai de restitution d'un Légendier perdu de Saint-Florent de Saumur (Bull. philol. et histor. du Comité des travaux histor. et scientif.* Années 1922 et 1923. Paris, 1925, p. 104-142).

Voir Martène, *Hist. Cong. S. Maur*, III, 197-198 ; Gout, *Mont-St-Michel*, 1919, 13-16].

I

IMBERT (Guillaume).

[Sur ce révolutionnaire, voir Fray-Fournier, *Le département de la Haute-Vienne, sa formation territoriale*. Limoges, Lavauzelle, 1909, p. 265-283 ; H. Stein, *Une saisie de livres chez l'ex-bénédictin G. I. en 1772 (Le bibliographe moderne*, XXII, 1924-1925, p. 222-227).

Moyens de la cause (D. Poirier et D. Précieux, p. 12 ; v. plus haut, t. II, p. 155).]

IRREBERT (Jean-Jacques).

[Né à Rouen, profès à Lyre à l'âge de 21 ans, le 2 août 1668, mort au Bec le 18 avril 1727 (*Matricule*).

Lettre à D. Jean Gelé (*Revue bénéd.*, XXVIII, 1911, p. 47, n. 5).]

J

JAMIN (Nicolas).

[Né à Dinan, par. St-Malo, le 28 janvier 1712 de M. François J.

et d'Hélène Patard (A. LEMASSON, *La descente des Anglais à St-Brieuc*. St-Brieuc, 1923, p. 13, n. 1).

Pensées théologiques. Bruxelles, S'Tertevens, 1792, 16° (B. M.) ; Riom, Landriot, 1798, 16° (B. M.) ; Dijon-Paris, Lagier, 1825, VIII-440 p. in-12, précédées d'une « notice sur la vie et les ouvrages de Dom Jamin » par G. P., p. 1-12 (B. M.) ; Lons-le-Saulnier, 1826, 16°.

Traduction espagnole : *Pensamientos theologicos respectivos a los errores de este tiempo*. Madrid, De Sancha, 1778, 16° (B M).

Traduction allemande : *Des Herrn P. Jamin*, Benediktiners aus der Gesellschaft des hl. Maurus, *Theologische Gedanken in Absicht auf die Irrtümer dieser Zeit*. Aus dem Französischen übersetzt (par D. Augustin Erthel, O. S. B., de Fulda). Fulda, 1755, 8°, 237 pp. (Signalé par le P. P. Lindner dans *Studien und Mitteil.*, XXV, 214).

On a du même traducteur : Des Herrn P. Jamin... *Geschichte der Kirchenfeste nebst der Absicht in welcher sie eingesetzt worden sind*. Aus dem Französischen. Fulda, 1786, 8°, 324 pp. (LINDNER, l. c.; *Quellen und Abhandl. zur Gesch. der Abtei und der Diözese Fulda*, VII, 1911 p. 122).

Le fruit de mes lectures a été traduit en espagnol : *El fruto de mis lecturas o maximas y sentencias morales y politicas*, que compuso en francés el P. D. Nicolas Jamin, de la Congregacion de San Mauro, sacadas de varios autores profanos a que añadio sus proprias reflexiones. Madrid, 1805, 8°.

Aug. Lemasson dans : *La descente des Anglais à St-Brieuc et et leur défaite à St-Cast l'an* 1758. St-Brieuc, 1923, 16°, 176 pp., a publié le « Journal historique de la descente des Anglais à St-Brieuc proche de St-Malo le 4 septembre 1758 » d'après le ms. 19829 de la Bibl. nat. de Paris.

Remarques soumises au chapitre général de 1766 (*Revue Mabillon*. IV, 1908, 216-17, 228).]

JANNEL (André).

*Il était parent de Bossuet (LEDIEU, *Journal*, Paris, 1857, III, 123) ; MARTÈNE, *Vie des Justes*, III, 151-155).

Voir *Correspondance* de Bossuet, t. 14. p. 452 ; D. RACINE, *Nécrologe de St-Denis*, Bibl. Mazarine, ms. 3375. pp. 1309-1312.*

JESSENET (Jean).

[*De Sanctorum canonizatione dissertatio historica* (Bibl. nat. Paris, ms. lat 11778, f. 212-225 (brouillon), 198-121(au net), écrite d'après les notes de Mabillon *(Revue Mabillon,* V, 1909, 271-272).]

JÉVARDAC (Bernard).

[Lettre à D. Anselme Le Michel, du 22 sept. 1641 *(Revue cathol. de Normandie,* 15 janv. 1910, p. 213-214).

Voir A. DE LANTENAY, Ste-Croix, 58-62 ; D. THOMAS LE ROY. *Curieuses recherches,* II, 224-225, 283 ; D. HUYNES, *Hist. de l'abbaye du Mont-St-Michel,* II, 225 ; MARTÈNE, *Vie des Justes,* I, 69-75 ; *Hist. Cong. S. Maur,* II, 193-197.]

JOBART (Étienne).

Voir P. GOUT, *Le Mont-St-Michel,* I, 16.

JOLYCLERC (Nicolas).

[PITTON DE TOURNEFORT, *Élémens de botanique ou méthode pour connaître les plantes.* Edit. augm. par N. Jolyclerc, bénéd. de St-Maur. Lyon, 1797, 6 vol. 8° et 489 pll. (S. Bocca, de Rome, *Catalogo* 243, n. 654).]

JOUAULT (Mathieu).

[La lettre à D. Audebert a été publiée par D. Paul Denis *(Revue Mabillon,* V, 1909, p. 118-121); v. MARTÈNE, *Hist. Cong. S. Maur,* III, 266-270 ; IV, 215.

Correspondance (Coll. de Picardie, vol. 49 ; LAUER, II, 97).]

JOUNEAUX (Thomas).

Voir LAMBRON DE LIGNIM, *Grands prieurs de Cormery,* 17.

JOURDAIN (Claude-Fr. Maur).

[Lettre de critique adressée à D. Grenier (Coll. de Picardie, vol. 160, f. 24 ; LAUER, II, 141).

Mémoire couronné (Bibl. de Besançon, Fonds de l'Académie, 17, fol. 221 ; *Cat. gén. mss. Dép.,* XXXIII, 774).]

JUMEAU (Altin).

[Prieur de Cormery 1696-1702 (LAMBRON DE LIGNIM, *Grands prieurs de Cormery,* 18).

'Lettre, de St-Melaine, où il était prieur 1717 (mss. Bibl. Univ. Paris n. 243, f. 113, 114).]

JUMILHAC (Pierre-Benoît de).

[Lettre à D. Audebert du 11 août 1655 (D. Léon Guilloreau, *Mémoires de D. B. Audebert*. Paris, 1911 p. 315-316).
V. *Revue bénéd.*, XXVIII, 1911, 402-403, et H. Leclercq (*Dict. d'arch. chrét. et de liturgie*, VIII, col. 420-426).]

L

L. (J.)

* T. I, p. 305 ; il s'agit de Jean Loysel : c'est la même forme de rédaction, de dédicaces, d'écriture et de signature que celle de D. Jean Loysel. *

LABBAT (Pierre-Joseph).

[Travaux sur S. Grégoire de Nazianze (*Revue Augustinienne*, I, 1902, 226).
Voir *Revue bénéd.*, XXVIII, 1911, 215.]

LA BIGNE (Emilien de).

[Il composa une histoire de l'abbaye de St-Vincent de Laon, que Luc Dachery utilisa (*Guiberti Novigent. opera*, 648-652 ; P. L. 156, col. 1168-1176].

LAFFILÉ (Ambroise).

Voir Martène, *Hist. Cong. S. Maur*, I, 215-216.

LALONDRELLE (Claude-Louis et J.).

* « Claude-Louis Lalondrelle, 56 ans, ex-bénédictin, ancien principal du collège de Compiègne, *où il enseigne encore*, des talens, très bonne moralité, très estimé, mais point exercé au ministère. »
* Jean-Baptiste Lalondrelle, 52 ans, ex-bénédictin, frère du pré-

cédent, demeure et *professe avec lui au Collège.* » (Archives Nat.
Paris F¹⁹, 865 ; Lettre du préfet de l'Oise au ministre 14 fructidor
an IX (1 sept. 1801) ; liste des ecclésiastiques domiciliés dans le
Département qui jouissent de l'estime publique et méritent la
confiance du gouvernement).

Les deux frères C. L. et J.-B. Lalondrelle, le premier principal,
le second professeur au collège de Compiègne, firent rétractation
des serments qu'ils avaient prêtés (ABBÉ PÊCHEUR, *Annales du
dioc. de Soissons*, t. IX). *

LA MOTHE (Odon).

Collaboration aux *Acta Sanctorum O. S. B.* (MABILLON, Saec.
I, 1668, praef., LXII.]

LAMOUREUX (J.-B.).

Voir *Revue Mabillon*, XI. 1921, p. 194.

LAMY (François).

Du choix des livres de piété et de religion par Dom Fr. Lamy
(ms. autogr. de 69 pp. in-4°, de mai 1692, chez M. Bresson à Langres,
note communiquée jadis par M. A. Ingold).

La Bibl. de Maredsous possède :

Sentimens de piété, 4ᵉ éd. Paris, De Bats, 1697, 16⁰.

Paraphrase, 3ᵉ éd. Paris, De Bats. 1697, 32⁰.

La « Paraphrase sur ces paroles de la profession religieuse... »
(Lama, n. 264) a été traduite en allemand par D. Colomban Luz,
bénédictin d'Elchingen :

*Sittliche Auslegung der Worten welche die Ordens-Leute des grossen
Ertz-Vaters Benedicti bey Ablegung ihrer Heil. Profession zu drey-
mal aussprechen als Suscipe me...* Ehemalen von einem Bene-
dictiner der Congregation des Heil. Mauri in Französischer Sprach
beschrieben, anjetzo aber nach der zweyten Auflag in das Teutsche
übersetzet von P. Columbano Luz, 76 pp. in-16.

Se trouve à la suite de : *Regul des Grossen H. Ertz-Patriarchens
Benedicti...* von P. Columbano Luz. Costantz, Wohler, 1749, 16⁰
(B. M.).

Sur l'erreur commise par le traducteur italien de la *Paraphrase*,
qu'il a attribuée à D. Cl. Martin, voir plus haut, t. II, p. 63.

Part prise par D. Lamy à la controverse sur les *Acta Sanctorum
O. S. B. (Revue Mabillon*, VI, 1911, 4).

Lettres de D. F. Lamy à Mme de Caumartin d'un 9 février et
mercredi matin » *(Revue Mabillon*, V, 1910, p. 522-523).

Lettre à D. Mabillon d'un 23 oct., au plus tard 1689 *(ib.*, p. 526-
533).

Lettre du P. Bouhours S. J. à D. Lamy du 6 mars 1700 (p. 537-
538.

Ces lettres sont reproduites par l'éditeur D. Paul Denis dans
Lettres autographes de la Collection de Troussures. Paris, Champion,
p. 491, 608-614, 589-590.

*Lettre du R. P. D. P. L. sur le violement habituel des observances
régulières dans les cloîtres*. Impr. s. l. n. d. 4 pp. 4° (Bibl. nat. Paris.
n. a. fr. 10898 ; OMONT, *Catal.*, IV, 115 ; *Bibl. Ecole des Chartes*,
LXXVII, 1916, p. 26).

Conjectures sur les effets extraordinaires du tonnerre, 1676
(Bibl. Univ. Paris, ms. 764, n. 30 ; *Catal.*, p. 189).

Deux lettres à D. Ruinart (Bibl. nat. Paris, f. fr. 19639 ; *Revue
Mabillon*, V, 1909, 29, note 2).

Lettre à Gaignières, 9 nov. 1699 *(Revue Mabillon*, X, 1920,
p. 27).

Voir J. VIDGRAIN, *Le christianisme dans la philosophie de Male-
branche*. Paris, 1923, p. X-XI, 290-336, 429 ; — du même, *Male-
branche. Fragments philosophiques inédits et correspondance*. Paris,
1923, 8°, pp. 95-106 (lettre de M. à D. Fr. L., du 18 janvier 1680).]

LAMY (J.-B.).

[Lettre à D. Grenier (Coll. de Picardie, vol. 155, f. 2 ; LAUER,
II, 138).]

LANCELOT (Charles).

[Lettre à Froben Forster, du 10 mars 1776, relative à l'édition
d'Alcuin (Pat. lat., t. 100, praef. n. XV, col. 16).]

LANEAU (René).

[Sommaire pour D. René Laneau et l'abbaye de St-Germain-des-
Prés contre D. Carpentier (1741) (Coll. de Picardie, vol. 70, f. 17 ;
LAUER, II, 110).

Lettre à M. Hérault, du 11 octobre 1730 *(Revue bénéd.,* XXVI, 1909, 365-367), et du dimanche de Quasimodo, 12 avril 1733 *(Revue Mabillon,* IV, 1909, 523-524).]

LANGLOIS (Adrien).

Voir MARTÈNE, *Hist. Cong. S. Maur,* I, 199-200.

LANTENAS (Hugues).

Voir *Revue Mabillon,* IX, 1913, 226-228, 231-232.

LA PARRE (Guillaume).

[Lettres à D. Erasme Gattola, du Mont-Cassin ; voir plus haut, t. II, p. 21.

Lettre du 15 avril 1714 à D. Ch. de l'Hostallerie *(Revue Mabillon,* V, 1909, 351-352).

Lettre à Mabillon, du 11 août 1689 (KUKULA, *Maur. Ausg.,* I. 81, 86-87 ; II, 16-17 ; v. III, 2, p. 29, 30, 32).]

LA TASTE (Louis).

[Lettre à D. Louvard (fév.-mars 1730), dans *Revue Mabillon,* IV, 1908, p. 517-518).

En même temps qu'évêque de Bethléem, il fut nommé abbé de Moiremont, 1738 *(Gall. christ.,* IX, 936-937).]

LAUNAY (Guillaume de).

[Il fut un des quatre religieux chargés de préparer l'Histoire de Champagne ; il écrivit les 25 octobre et 9 décembre 1737 deux lettres à l'Intendant de Champagne pour obtenir son appui dans les recherches qu'il devait faire dans les bibliothèques et archives du pays ; M. H. d'Arbois de Jubainville a publié ces deux lettres *(Histoire des ducs et des comtes de Champagne.* Paris, 1859, t. I, pp. X-XI).]

LAURENS (Pierre).

* Lettre à Mabillon (St-Allyre 14 janvier 1702) sur divers monastères d'Auvergne et particulièrement sur Royat (Bibl. Nat. Paris, ms. lat. 12691, f. 301-302). *

LE BLANC (Urbain).

[Lettre au R. P. Le Courayer sur son traité de l'ordination des Anglais, par un religieux bénédictin. Paris. Lamesle, 1726, 12°, 61 pp. (*Mém. de Trévoux*, 1726, p. 1132-6 ; SOMMERVOGEL, IV, 103).]

LE BOUYER (Charles).

Voir *Revue Mabillon*, X, 1914-20, 97 ; MARTÈNE, *Vie des Justes*, II, 135-136.

LE CERF (Jean-Philippe).

[Travaux sur les Saints de St-Wandrille *(Revue Mabillon*, V 1909, 456- 457).]

LE CLERC (Cyprien).

Voir MARTÈNE, *Vie des Justes*, I, 50-51 ; *Hist. Cong. S. Maur*, III, 49-50.

LE CLERC (Guillaume).

[La lettre à D. Th. Blampin a été publiée dans la *Revue bénéd.*, XXVI, 1909, p. 229-230).
Voir D. BESSE *(Bull. Soc. scientif. Corrèze*, XXIII, 550).]

LEFÈVRE (Hilarion).

Voir MARTÈNE, *Hist. Cong. S. Maur*, IV, 158-159.

LEFORT (Antoine).

Voir D. GRENIER, *Hist. de Corbie*, 115.

LE GALLOIS (Antoine).

[Il se trouve un exemplaire de son ouvrage sur l'Eucharistie dans le Cod. lat. 26329 de Munich, 383 p. 8°, an. 1670 : *Renovatio antiqui Eucharistiae explicandi modi.*
Abbé DESDONITS, *Un bénédictin normand émule de Bossuet. Dom Le Gallois* (1640-1695) (*Recueil des travaux de la Soc. libre d'agriculture de l'Eure*. VIIIᵉ sér., t. IV, 1926-1927, p. 137-160).]

5

LÉGER (Jacques).

[Sur sa collaboration à l'édition de S. Cyrille de Jérusalem (P. G.,
t. 33, col. 27-28).]

LEGRAND (Dominique).

[Voir LAFFLEUR DE KERMAINGANT, *Cartul. du Tréport* p. CXVI-
CXVIII ; *Revue Mabillon*, XI, 1921, p. 186-187.]

LE LIÈVRE (Charles-Lucien).

La Matricule doit être corrigée comme suit :
Profès à St-Lucien de Beauvais à 22 ans, le 22 juillet 1712, mort
à St-Denis le 24 novembre 1774.

LEMERAULT (Louis).

Voir JORDAN, *Hist. d'un voyage littér. fait en* 1733. p. 73.

LE MERCIER (Mathurin).

Né à Hennant, dioc. de St-Brieuc, profès à St-Florent de Saumur, à l'âge de 24 ans, le 13 juin 1742, décédé à N. D. du Tron-
chet le 3 septembre 1789 (*Matricule*).
[J. BARRÉ, *Relation du passage des Anglais au « Guildo » et à Mali-
gnon dans la semaine du 4 au 11 sept. 1758 (Mém. de la Soc. d'Emu-
lation des Côtes-du-Nord*, XLIX, 1911, p. 109-157.]

LE MICHEL (Anselme).

[Description de l'église abbatiale de Déols, d'après ms. 13819,
f. 11 (*Bull. Soc. Antiq. France*, 1910, p. 120-121).
Mémoire manuscrit pour le collège de Saint-Jean de Laon, 1649
(Coll. de Picardie, vol. 152, f. 81 ; LAUER, II, 137).
Notice sur le prieuré de Vivoin (DENIS, *Cartulaire du prieuré de
Vivoin*, Paris, 1894, 251-278).]

LE MONNIER (Louis).

[Deux lettres à Montfaucon, août-nov. 1775 (*Bull. de la Soc.
histor. et arch. de l'Orne*, XXXII, 1913, 394-404 ; v. *Revue Mabillon*,
X, 1914, p. 93.]

LEMOINE (François).

[Lettre de Mabillon à D. Fr. L., prieur à S*-Thierry en 1672 (ms. 1932 de Reims ; *Cat. gén. mss. Dép.*, XXXIX, 993).]

LENOIR (Jacques-Louis).

[Prospectus de la « Collection chronologique des actes et titres de Normandie » (Coll. de Picardie, vol. 225, f. 37 ; LAUER, II, 158).
« Mémoire relatif au Projet d'une hist. de Normandie *(ib.,* f. 43 ; LAUER, l. c.).
Notes de D. Lenoir (Bibl. Caen, Coll. Mancel, ms. 106 *(Cat. gén. mss. Dép.,* XLIV, 246).
A. VIDIER, *Le Noir, bibliothécaire du roi* (1784-1790). *Ses démêlés avec Carra (Bull. Soc. hist. de Paris et de l'Ile-de-France,* LI, 1924, p. 49-61).]

LE NOURRY (Nicolas).

*Voir CUPER. *Lettres de critique.* Amsterdam, 1755, p. 82, 177, 311-315. *

LE PELLETIER (Louis).

[Prospectus du « Dictionnaire étymologique de la langue bretonne ». Paris, Delaguette, 1751, 4 pp. in-fol. (Coll. de Picardie, vol. 225, f. 103 ; LAUER, II, 160).]

LE ROY (Thomas).

Voir P. GOUT, *Le Mont-S*t*-Michel,* I, 17-18.

LESCUYER (Louis).

[Harangue à Bossuet, 1696 *(Revue Bossuet.* Suppl. VI, 1907, p. 134).]

LE SIMON (Placide).

Voir MARTÈNE, *Hist. Cong. S. Maur,* IV, 109-114.

LESPAGNOL (Jean).

[Religieux à S*-Remi de Reims en 1712 *(Cat gén. mss. Dép.,* XXXIX, 795).]

LE SUEUR (Pierre-François).

[Sur le ms. 13898 lat. f. 213-240: Abrégé de l'histoire du célèbre monastère de Saint-Martin de Tours recueilly particulièrement des anciennes chartes et autres documents de la dite abbaye, 1643, v. Vaucolle *(Mém. Soc. archéol. Tours,* XLVI, p. XI, XXII; *Bibl. Ecole Chartes,* t. 46, p. 383).

Collaborateur de Mabillon pour les *Acta Sanctorum* (Saec. I, praef., LXIII).]

Le TELLIER (François).

[Travaux sur les Saints de St-Wandrille *(Revue Mabillon,* V, 1909, 456-457.]

LE TEXIER (François).

[Lettres de D. Célestin Lombard, de St-Laurent de Liége, du 29 nov. 1716, 14 mai et 14 août 1717 *(Leodium,* XI, 1912, p. 139-144).]

LE TEXIER (Léonard).

[Lettres autogr. (Coll. de Picardie, vol. 19 ; LAUER, II, 84). Lettres concernant des antiquités de Péronne, 1725-1726. (Coll. de Picardie, vol. 174, f. 117-119 ; LAUER, II, 147).]

LEVEAUX (Joseph-Martin).

[La notice sur D. L. par Alph. Leveaux a paru dans le *Bull. Soc. hist. de Compiègne,* VII, 201-204.

Sur ce religieux, v. H. N. BIRT, *Obit Book of the English Benedictines* 1600 *to* 1912. Edimbourg, 1913, p. 136, 266, 317.]

LE VITTOUX (René La Noé dit).

[Sorti de St-Maur, il devint abbé de S. M. de Landor in part.; en 1788, il voulut obtenir la prévôté d'Haspres dépendant de l'abbaye de St-Vaast *(Invent. somm. des arch. départ. Pas-de-Calais,* H, St-Vaast, t. III, 298-299).]

LIÈBLE (Philippe-Louis).

* Deux lettres avec signature, 1787, 1795 (vente d'autographes

collection Dubrunfaut, 4e série, papes et clergé, 7-8 avril 1884, no 226). *

[Requête adressée avec D. Patert au sujet de la conservation de la bibliothèque de St-Germain-des-Prés, 1791 (*Bull. Soc. Hist. Paris*, XVIII, 88-93).

Une lettre du 21 mai 1792, adressée à un « Monsieur », non spécifié, pour lui remettre le mémoire en question et solliciter son appui « en faveur de la bibliothèque de St-Germain-des-Prés monument précieux, utile au public et honorable pour la France » (CHARAVAY, Bull. d'autographes, fév. 1914, n. 77242), appartient aujourd'hui à la bibliothèque de Maredsous.

Avis sur un diplôme de l'abbaye de Metten (R. MITTERMÜLLER, *Das Kloster Metten*. Sraubing, 1856, 277-278).

Liéble envoya des matériaux à Froben Forster pour son édition d'Alcuin (Pat. lat. t. 100, præf. n. XIV, col. 16 ; v. col. 137). Lettre du 3 avril 1773 à D. Charles Lancelot, alors de séjour à Ratisbonne (PFEILSCHIFTER, *Korrespondenz*, I, n. 571).

Lettres (Bibl. Nat. Paris, Coll. du Vexin, vol. 71 ; LAUER, II, 359).

Mercier de St-Léger a donné dans le *Journal de la ville* une note « sur le peu de fondement des motifs qui ont fait casser l'élection de dom Liéble, bénédictin, pour député à l'hôtel de ville, no 41, pp. 311-312 (CH. DE CHÊNEDOLLÉ, *Notice raisonnée des ouvrages ...par Mercier de St-Léger*. (Extr. du *Bulletin du Bibliophile belge*. 1882-53), (p. 64).]

LIRON (Jean).

[D. Liron projetait en 1706 une édition de Juvencus (Lettre de D. Claude de Vic à D. Erasme Gattola, du 5 mars 1706 (ETTINGER, 74).]

LOBINEAU (Guy-Alexis).

[P. GUILLAUX, *Un historien de Bretagne, dom Alexis Lobineau* (*Etudes*, 20 avril 1917, p. 220-235).

H. OMONT, *Dom Martène chansonné par D. L.* (*Bull. hist. et philol. du Comité des travaux hist.*, 1918, p. 13-17).

A. HAMON, *Les possédées de Loudun et dom L.* (*Revue prat. d'apologétique*, avril 1921, p. 33-39).

Lettres à Mme de Caumartin des 11 oct. 1709 et 10 sept. 1719, (*Revue Mabillon*, V, 1910, p. 519-522 ; D. PAUL DENIS, *Lettres autographes de la collection de Troussures*. Paris, 1912, p. 484-487).

Lettres à M. Mauger des 3 mars 1713 et 18 oct. (?) (*Revue Mabillon*, V, 1910, p. 524-526 ; D. PAUL DENIS, *Lettres autographes de la Coll. de Troussures*, p. 502-503).

Lettres (Bibl. nat. Paris, n. a. fr. 22435 ; OMONT, *Catal.*, IV, 483) ; ms. 634 d'Angers (*Cat. gén. mss. Dép.*, XXXI, 403).

Supplique des religieux de St-Melaine aux États de Bretagne pour obtenir la restitution des manuscrits de D. L., impr. 3 pp. fol. (Coll. de Picardie, vol. 225, f. 54 ; LAUER, II, 158).

Prospectus de l'*Histoire de la ville de Paris* (*ib.*, f. 72 ; LAUER, II, 159).

Au sujet des possédées de Loudun (BREMOND, *Hist. litt. du sentiment religieux en France*, t. V, 140-143 ; A. HAMON dans *Revue prat. d'apologétique*, avril 1921, p. 33-39).]

LODIN (Louis-Marie).

*Né à Rennes, profès à St-Melaine, âgé de 17 ans, le 4 septembre 1697, décédé le 4 janvier 1738 à St-Benoît de St-Malo (*Matricule*). *

[Auteur supposé d'une « Histoire du monastère de St-Benoît, ordre dudit St-Benoît et congrégation de St-Maur situé en la ville de Saint-Malo », conservée aux Archives municipales de St-Malo, et publiée par C. RIÉGER, *Histoire du monastère de St-Benoît situé en la ville de Saint-Malo* (*Annal. de la Soc. hist. et archéol. de l'arrond. de St-Malo*, 1908, p. 1-127). St-Servan, Haize, 1909, 8°, 129 p.] (1)

LOO (Arnoul de).

[Étant prieur de St-Père de Chartres, il communiqua au cardinal Tommasi, à la demande de D. Estiennot et de D. Mabillon, les variantes à l'édition de Fronton du Lectionnaire de Chartres (THOMASIUS, *Opera omnia*, Rome, 1750, t. V, p. 429).]

LOUVART (François).

[La *Relation*... 1728 se trouve aussi à la Bibl. nat. Paris, n. a. fr. 22139, f. 148 (OMONT, *Catal.*, IV, 364).

Observations sur D. L. (Coll. de Picardie, vol. 44 ; LAUER, II, 94).

(1) A propos du LOUIS mentionné dans une note t. I, p. 403, voir J. E. GODEFROY, *Les bénédic ins de Saint-Vanne et la Révolution*. Paris, 1918, p. 62-64.

D. PAUL DENIS, *Quelques lettres de D. Louvard, prisonnier à la Bastille (Revue Mabillon, IV, 1909, p. 498-525).*

Voir COLONIA, *Bibliothèque janséniste,* I, 312-313 ; *Revue Mabillon,* V, 1909, 457-458.]

LOUVEL (Georges).

Voir LAFFLEUR DE KERMAINGANT, *Cartul. du Tréport,* CXV.

LOYSEL (Jean).

Voir plus haut, t. I, p. 408 ; t. III, p. 61.

M

MARCEY (Étienne de).

[Lettre adressée de St-Sulpice de Bourges le 7 novembre 1676 sur les mss. de S. Augustin (KUKULA, II¹, p. 39-40 ; II², p. 26)].

MARTÈNE (Edmond).

[Une lettre à D. M. écrite par M. Cocquebert, conseiller au Présidial, le 24 mars 1715, a été insérée par Lacourt, dans un exemplaire annoté de l'*Historia metropolis* de D. Marlot à la Bibl. de l'Archevêché, t. I, p. 18, et publiée par Varin, *Archives admin. de la ville de Reims.* Paris 1839, t. I, 216-217, note 1, avec un fragment de la réponse de Martène, p. 217 (v. *Gallia christ.,* t. IX, col. 289).]

MARTIANAY (Jean).

* Dans le ms. fr. 7036 de la Bibl. nat. Paris, Recueil de pièces diverses, on trouve, pp. 59-62, « Lettre de M. l'abbé *** sur le livre de Dom Martianay », novembre 1697 ; on ne dit pas quel livre, ni quel abbé.

Ajouter à la page 61 du t. II : on lui attribue encore : *Tullius Christianus, sive divi Hieronymi Stridonensis epistolae selectae* in tres classes distributae... ab uno e Congreg. S. Mauri (v. TASSIN, 401, § IV ; LELONG, t. I, p. 906, n° 15004). *

MARTIN (Claude).

[La *Pratique de la Règle de S. Benoît* a été utilisée par D. Bonaventure Rebstock O. S. B. dans son petit traité : *Dominici Schola servitii sive Institutiones spirituales in usum religiosorum. I. De vita regulari.* Ratisbonne, Pustet, 1911, in-18 (v. p. 98, n. 1) et, si je ne me trompe, d'après la traduction de Dornbluth.

D. Philibert Schmitz a publié une seconde série de « *Lettres de dom Claude Martin relatives aux éditions de Pères latins* » (*Revue bénéd.*, XLIII, 1931, pp. 153-158) : elles sont au nombre de neuf : 1 à Mabillon du 3 mai 1671, 1 à D. François Boullefroy, du 27 mai 1671, 3 à D. Ant. Pouget des 5 juin 1683, 2 oct. 1684, 19 janvier 1685, 1 à D. Pierre Terrien du 6 février 1686, 3 à D. Jean Martianay, des 29 oct. 1693, 30 mars 1694, 28 avril 1695.]

MAUBREUL (Jean-Albert).

* Né à St-Quentin, dioc. de Noyon, profès à 27 ans aux Blancs-Manteaux le 17 mai 1630, décédé à Noyon le 1er octobre 1673 (*Matricule*). *

MÈGE (Joseph).

[La requête de D. Mège contre Mabillon (Archiv. nat. Paris, L. 810, n. 27 avec signature autographe) est celle que Delisle a attribuée à D. Bastide, voir *Revue Mabillon*, VI, 1910, p. 6, note 1, et plus haut t. II, p. 84-85.]

MÉRY (François).

* Il a une notice, pp. XXIV-V dans le Catalogue de la Bibliothèque de Bonne-Nouvelle d'Orléans par D. Louis Fabre. *

MORILLON (Gatien de).

[DE PLANHOL. *Un poète bénédictin au* XVIIe s. (*Revue de la Semaine*, 1921, 7 oct., p. 61-88).]

MOUCHIN (Jean).

* Né à Paris, profès à Lyre âgé de 18 ans le 22 septembre 1683, décédé à St-Denis le 6 septembre 1712 (*Matricule*).*

Lettre du R.P. D. Jean Mouchin, rel. de la Cong. de S. Maur,
et frère de D. Maur, St-Denis ce 12 février 1701, pp. 303-396 de
« Relation de la vie et de la mort de Dom Maur natif de Paris,
nommé dans le monde Pierre Mouchin » (*Relations de la vie et de la
mort de quelques religieux de la Trappe*, 4ᵉ partie. Paris, MDCCXVI,
pp. 209-306. *

N

NOVOY (Lucien-Alophe de).

[Lettre du 19 août 1707, datée de St-Lucien, relative à l'histoire
de ce monastère (*Revue Mabillon*, V, 1909, p. 545 ; D. PAUL DENIS,
Lettres autographes de la collection de Troussures. Paris, 1912,
p. 415).]

P

POIRIER (Germain).

*Le *Bulletin historique et philologique du Comité des travaux
historiques et scientifiques*. Année 1894, Paris, 1895, contient pp.
538-542 « Notes sur D. Germain Poirier communiquées par D.
Brial à M. Dacier en 1804. Communication de M. Pierre Vidal,
et, pp. 542-543 « Eclaircissement sur quelques endroits de cet
écrit ». *

R

RIVET (Antoine).

[A propos de l'*Histoire littéraire*, il y a lieu de signaler ici un anonyme mentionné par M. Maurice Lecomte : « Un bénédictin de

l'abbaye de Montmajour écrivit à la date du 20 novembre 1736 à Dom M... du même ordre, une longue et importante lettre sur le plan du premier tome de l'*Histoire littéraire* (ms. 19681, ff.217-229).

Le même bénédictin... écrivit une lettre « De vera Sancti Philippi, in Thracia episcopi, martyrisque epocha ad amicum epistola » (ib., f. 230) (*Revue Mabillon*, II, 277).

ROCQUE (Anselme de la).

[Courte notice (*Revue Mabillon*, XIX, 1929, 329).]

RUE (Charles de la).

[Les lettres au chan. Masclef ont été publiées par D. Paul Denis (*Revue Mabillon*, IV, 1908, 44-60).

Lettre de Mgr d'Inguimbert, 15 déc. 1734, (*ib.*, IV, 331-332), 19 janv. 1735 (*ib.*, 350).]

* Dans le *Catalogue général des livres imprimés de la Bibl. nat. de Paris.* t. 89, 1926, on atbue au P. Charles de La Rue S. J. (col. 439), l'édition des œuvres d'Origène. Paris, 1733-1759. Le véritable auteur est D. Charles de la Rue qui mourut en 1739 après avoir publié les deux premiers volumes ; le 3ᵉ parut après sa mort en 1740 ; le 4ᵉ et dernier fut publié en 1759 par son neveu, D. Charles-Vincent de la Rue, auquel on attribue de nouveau l'édition d'Origène, faussement déjà attribuée au P. Charles de la Rue S. J. C'est aussi par erreur qu'on attribue (col. 439) au neveu Charles-Vincent la correspondance de son oncle, D. Charles, avec Mgr d'Inguimbert, évêque de Carpentras, publiée par D. Théophile Bérengier. *

RUINART (Thierry).

[A la page 204 du tome II, ligne 5, il faut lire : Lettre de D. H. Monnier à D. Ruinart, du 30 septembre 1693, au sujet de S. Lupicin et de son évangéliaire, tirée du ms-lat. 11777, publiée par Et. Deville (*Annales Franc-comtoises*, XVII, 1905, p. 140-144).]

S

SALLE (Nicolas de la).

[Abrégé historique de l'abbaye de St-Seine, ms. lat. 12696. (DE-LISLE, *Monasticon*, 27)]

T

TREMBLAYE (Guillaume de la).

[Dessin du grand autel de St-Malo en 1710 (C. RIÉGER, *Histoire du monastère de St-Benoît situé en la ville de Saint-Malo*. St-Servan, 1909, p. 72).

G. HUARD, *F. Guillaume de la T. et le maître-autel de Sainte-Trinité de Caen (Bull. Soc. Antiq. Normandie*, XXIX, 1914, p. 426-428).]

V

VERNAY (Siméon de).

* A corriger la dernière phrase du t. I, p. 201 : Il est né à Christot, dioc. de Bayeux, fit profession à Lyre à 22 ans le 15 juillet 1682 et mourut à St-Wandrille le 5 nov. 1731. *

VIC (Claude de).

[Dom G. Charvin a publié « *les Mémoires et le « Journal » de Dom Claude de Vic* », d'après les ms. lat. 12789 et 12790 de la Bibl. nat. (*Revue Mabillon*, XIX, 1929, 252-274 ; XX, 1930, 27-49) ; voir plus haut, Durban.

Sur son séjour à Rome comme socius du procureur, v. *Revue Mabillon*, IV, 1908, 368-379.

Fragments de lettres adressées de Rome le 8 nov. 1707 et le 14 janvier 1708 à D. Robert Marcland (KUKULA, I, 11, note 1) ; et le 8 novembre 1707 (*ib.*, II, 35 note 2 ; v. III, 2, p. 32).

Lettre de Ruinart à D. de Vic du 6 mai 1709, fragment du journal de ce dernier ; lettre de D. Massuet au même du 4 juin 1714 (D. PAUL DENIS, dans *Revue histor. ardennaise*, XV, 1908, p. 178).

Lettres à D. Erasme Gattola, du Mont-Cassin ; voir plus haut, t. II, p. 21.

Correspondance de D. Ch. Conrade avec D. Claude de Vic (*Revue Mabillon*, IV, 1908 ; V, 1909) ; avec D. Charles de l'Hostallerie (*ib.*, V, 1909).

Dans une lettre du 5 mars 1714, D. Montfaucon, vu le désir de D. de Vic de rentrer en France, lui proposa de demander de pouvoir aider le prieur de St-Denis dans le *Gallia christiana* ou d'entreprendre une Bibliothèque des auteurs bénédictins (DANTIER, *Rapport*, 331-332).]

VIE (Charles-Arnaud de la).

Voir DU BUISSON, *Historia monasterii S. Severi*, 114-117.

* * *

ÉGÉE (Henri).

[Etant sous-prieur de l'abbaye de St-Remi de Reims, il écrivit à M. Tranchant une lettre relative à l'inscription d'un prévôt Sicfarius ; elle a été éditée par VARIN, *Archives admin. de Reims*. Paris, 1839, t. I, pp. 334-336, note 1.]

ANONYMES

I

1. *Response à certains libelles diffamatoires et faux bref publiez par un religieux anonyme sur le sujet des prétendus changements faits en la congrégation de Sainct Maur en France ordre de Sainct Benoist, contenant le récil véritable de ce qui s'est passé jusques à présent touchant les Règles d'icelle*, in-4° qui se compose de deux parties à pagination distincte : la 1ere partie de 16 pages et la 2e de 40 pages, sans lieu ni date, mais doit avoir été imprimé entre 1645 et 1650. A la page 3 de la 1ere partie l'auteur de cette *Response* dit qu'il est religieux de la congrégation de St-Maur... (*ma chère congrégation*).

[Ce travail a dû être imprimé à l'occasion des controverses suscitées par D. Faron de Challus et ses adhérents ; voir t. I, p. 103, 301, et D. Besse, *Recueil hist. des archevêchés, évêchés.. de France par Dom Beaunier.* Introduction, Paris-Ligugé, 1906, p. 105].

2. *Office propre de S. Benoît, abbé du Mont-Cassin, donné selon le nouveau bréviaire de Paris par MM. les chanoines du chapitre de l'église collégiale et paroissiale de S. Benoît à l'usage de la dite paroisse et de tous ceux qui suivent la règle du S. Patriarche.* Traduit en françois par un bénédictin de la Congrégation de St-Maur, in-12. Paris, chez Rabuty, 1757, in-12 (coll. Wilhelm).

(1) Il y aurait un travail considérable à entreprendre pour dresser une liste des ouvrages anonymes, factums, exercices de colléges, pièces de théâtre, thèses, documents officiels sortis de la Congrégation de St-Maur. J'ai simplement reproduit ceux qui sont indiqués par M. Wilhelm avec les notes dont il les a accompagnés.

On trouvera une nomenclature très longue de pièces anonymes recuellie par Besse dans l'Introduction du *Recueil des archevêchés, évêchés, abbayes et prieurés de France* par D. Beaunier, 2e éd. Ligugé - Paris, 1906, pp. 100 - 120. On devrait aussi consulter le catalogue de l'Histoire de France à la Bibliothèque nationale de Paris, t. V. « Bénédictins de la Congrégation de St-Maur », pp. 496 - 505. Ld 10, n° 191 - 302, et le *Catalogue des Factums* du même dépôt.

3. *Nouveau témoignage contre la Constitution ou gémissements d'un Bénédictin sur son acceptation de la dite bulle et sa signature du formulaire*, s. l. n. d. in-8° de 48 pp. ; Fait à… le 2 avril 1752, signé Fr. M. L. M. D'après une indication de la page 7, ce bénédictin aurait fait profession en 1743, et d'après une autre indication de la page 38, il aurait été ordonné prêtre à Tours le 3 avril 1749.

[Dans la Matricule de St-Maur je trouve un Mathurin Le Mercier, profès à St-Florent de Saumur à l'âge de 24 ans le 13 juin 1742 ; en 1743 aucun nom qui réponde à ces initiales.]

4. *Très-humbles remontrances des religieux Bénédictins de la Congrégation de S. Maur au Roy avec un mémoire où après un exposé succint de ce qui s'est passé dans le prétendu chapitre général de la Congrégation de S. Maur tenu au mois de juillet de l'année 1733 dans l'abbaye de Marmoutier-les-Tours, on en démontre l'irrégularité et la nullité, on fait voir ensuite la nécessité qu'il y a de convoquer au plutôt une assemblée plus canonique et en fournit les moyens les plus propres et les plus convaincants et l'Apologie ou justification desdits religieux qui ont protesté contre le chapitre général de leur congrégation, contre les reproches et mauvais traitements des prétendus supérieurs majeurs*, in-4° de 26 pp., 1734, sans lieu d'impression.

Les *Très humbles remontrances* anonymes ci-dessus sont mentionnées par Dom Lecerf à la page 269 de son *Histoire de la Constitution Unigenitus* en ce qui regarde la Cong. de St Maur, mais il ne nous apprend pas qui en est l'auteur. Cet écrit, dit-il, est judicieux et on le lit avec plaisir. Quant à Dom Tassin il n'en parle pas, sans doute parce qu'il n'a su à qui l'attribuer [Elles sont de D. Edme D. Perreau, voir plus haut, t. II, p. 144.]

5. *Lettre d'un ami à un ami sur les Vœ* par Dom Michel Hautement ; voy. DOM TASSIN page 713 [et plus haut, t. I, p. 278.]

6. *Vie de Sœur Agnès de Jésus* écrite vers 1646 ou 1647 par un religieux de St-Germain-des-Prés sur les notes fournies par M. Olier, inédit : le manuscrit est conservé à la Bibliothèque de St Sulpice à Paris (note communiquée par M. Vernière, avocat à Brioude, qui m'apprend en même temps que son ami, M. de Croze en possède

une copie de l'époque. Peut-être cet ouvrage est-il de Dom Nicolas-Ignace Philibert, qui est l'auteur des *Constitutions pour le régime des religieuses Bénédictines du St-Sacrement* ? [ou plutôt D. Jacques Boyer, voir Additions, t. III, p. 21.]

7. *Aux âmes sensibles en faveur des religieux qui peuvent sortir de leur cloître* par un Religieux Bénédictin de la Congrégation de St Maur. De l'Imprimerie de Guillaume junior, quai des Augustins, n° 35, sans date. Peut-être de Dom François-Philippe Gourdin ? [Voir plus haut, t. I, p. 260].

8. *Précis historique des troubles qui agitent la congrégation de St Maur.* 19 juin 1787, in-4°.

9. *Histoire de l'abbaye royale de S. Pierre de Jumièges* contenant ce qui s'est passé de plus remarquable depuis sa fondation jusqu'au milieu du XVIII° siècle par un religieux bénédictin de la Congrégation de St Maur, 1762.

Ms. original relié aux armes de l'abbaye de Jumièges et ayant appartenu à l'avocat Delafoy, inscrit sous le n° 4170 des nouvelles acquisitions françaises. (Voyez L. DELISLE, *Mélanges de paléographie et de bibliographie,* p. 437).

Compléter cette note en ajoutant que la Société de l'Histoire de Normandie vient d'entreprendre la publication de ce manuscrit. Le tome I vient de paraître sous le titre de *Histoire de l'abbaye Royale de St Pierre de Jumièges* par un religieux Bénédictin de la Congrégation de St Maur, publiée pour la 1re fois par l'abbé Julien Loth. t. I chez Ch. Métérie, 1882, in-8°. — Dom Outin, bibliothécaire et archiviste de l'abbaye de Jumièges, aurait été chargé avec son confrère Dom Courdemanche de revoir le travail du Bénédictin anonyme et d'en vérifier les citations sur les anciens historiens, travail que Dom Outin aurait exécuté seul. Il est question de Dom Toussaint Outin aux pages 12, 13, 14 et 15 d'un petit volume publié à Jumièges ; on y dit page 26 que Dom Toussaint Outin était un Bénédictin très érudit et qu'il est mort à Rouen sa ville natale où il s'était retiré après la Révolution. [L'auteur de l'*Histoire de Jumièges* a été identifié, c'est D. Simon Dubusc *(Revue Mabillon,* X, 1920, p. 51).]

10. *Notes bibliographiques sur les vies des saints rangés suivant les jours de l'année*. Ms. du XVIIIᵉ S. conservé dans le fonds latin de la Bibl. nat. sous le nº 12633 avec le titre imprimé au dos du volume : *Ordinarium Sancti Germani*.

11. Manuscrit conservé sous le nº 12648 des manuscrits latins de la Bibl. nat. (Fonds Sᵗ Germain-des-Prés) sous le titre de : *Notes et documents pour l'histoire de l'ordre de S. Benoît et de la congrégation de Sᵗ Maur : matériaux pour un martyrologe bénédictin*. Ces divers travaux sont du XVIIᵉ et du XVIIIᵉ siècles.

Manuscrit 12783. Recueil de pièces relatives à l'histoire des Bénédictins français, principalement au XVIIᵉ S.

12. Manuscrit du fonds latin de la Bibl. nat. nº 12818, XVIIᵉ s. *Histoire de l'abbaye de Chaise-Dieu*. D. Tassin, p. 67 de son *Hist. litt.*, mentionne 3 histoires différentes de cette abbaye restées manuscrites, l'une de Dom Simon Genoux et les deux autres de religieux qui lui sont inconnus. Il est probable que c'est l'un des deux anonymes qui est le ms. 12818, car d'après D. Tassin le ms. de Dom Genoux appartenait à la bibliothèque de la Chaise-Dieu et les deux anonymes à celle de Sᵗ Germain-des-Prés, d'où provient en effet le manuscrit du fonds latin de la bibliothèque nationale. — Le nº 12818 est bien le ms. de D. Genoux. — Il est encore question d'une histoire de l'abbaye de la Chaise-Dieu en 3 volumes restés manuscrits, à la page 185 de D. Tassin. Cet ouvrage attribué à Dom Estiennot par Lamartinière dans son *Dictionnaire géographique*, n'est, paraît-il, pas de ce Bénédictin d'après D. Tassin.

La seconde Histoire anonyme de l'abbaye de la Chaise-Dieu, dont il est question à la note au bas de la page précédente, est sans doute celle conservée parmi les manuscrits du fonds latin de la Bibl. nat. sous le nº 12777, qui est l'œuvre de Dom Gardon (Voyez la note sur Dom Gardon à la page 47 infra). [Voir plus haut, t. I, 236, note.]

L'Histoire manuscrite de la Chaise-Dieu par D. Estiennot est conservée sous le nº 12745 du fonds latin. Il n'y a pas à douter malgré les doutes de D. Tassin que cet ouvrage est de D. Estiennot. On a sur ce point le témoignage formel de Dom Jacques Boyer, qui était son contemporain, à la page 14 de son Journal de voyage pour le *Gallia christiana*. Enfin les nºˢ 12739-12776 du fonds latin se composent en entier des recueils de Dom Estiennot sur les Antiquités Ecclésiastiques de plusieurs diocèses de France. Le nº 12766 est un cartulaire ou chartrier de la Chaise Dieu. Voyez page 42 la note sur Dom Estiennot [Voir plus haut, t. I, p. 206-210.]

Il y a encore une histoire manuscrite de la Chaise-Dieu sous le n. 18681 du fonds français de la Bibl. nat. Elle est de Dom Thiolier. Voyez la note à la page 91 infra [Voir plus haut, t. II, p. 242.]

13. *Abrégé de l'histoire de S. Maurin de l'ordre de S.-Benoist* par un religieux bénédictin de la congrégation de S. Maur. S. l., 1676, 1 feuille in-plano. (Voy. *Bibliographie générale de l'Agenais* par Andrieu, p. 1.). Cet *Abrégé* ne serait-il pas de Dom Etienne du Laura? Voyez à la page 61 infra les notes sur Du Laura [v. plus haut t. I, p. 187-188.] Une lettre de Mabillon du 6 juin 1672 *(Ruinart* par Jadart, p. 87) semble bien autoriser cette attribution à D. Du Laura ; il annonce qu'il l'a prié de faire un Abrégé sur une carte ou placard [Voir t. III, p. 39-40.]

14. *Dogmes et maximes tirées de S. Augustin* par un religieux bénédictin de S. Benoît-sur-Loire, 1700. Ms. qui appartient à la Bibliothèque de Bourg (Ain) sous le nº 16 [*Cat. gén. mss. Dép.*, VI, 223.]

15. *Epanchements de plusieurs Bénédictins de la Congrégation de Saint Maur sur les torts du clergé.* S. l. n. d. in-8º de 16 pages. A en juger par une note de la page 5 et par la page 10, où l'on parle de la suppression des dîmes par l'Assemblée nationale, cette pièce est de la fin de 1789.

16. Sur l'anonyme D. A. D. rel. de la Cong. de St-Maur, voy. les notes autographes de Dom Dubourg (t. I, p. 145).

17. *Dénonciation des Lettres de D. Vincent Thuillier*, religieux de la congrégation de St-Maur, contre l'appel (Signalé dans une correspondance de D. Devic à M. Passionei du 26 février 1730 ; Bibl. Vatic. ms. lat. 8130, f. 250ᵛ). [L'auteur est D. Edme Perreau, voir plus haut, t. II, p. 144.]

18. Mémoires pour servir à l'histoire de l'abbaye du Bec. L'abbé Porée, page 12, note 2 de sa Monographie de l'abbaye du Bec au XVIII⁰ siècle, dit que ces mémoires furent composés vers le milieu du XVIII⁰ siècle par un bénédictin de la Congrégation de S¹-Maur en résidence au Bec, et sont peut-être ceux que Dom Toussaint Duplessis a cités sous le nom de Mémoires de l'abbaye du Bec. L'auteur de ce travail, ajoute-t-il, a pris pour base la chronique du Bec publiée dans le Lanfranc de D'Achery. La continuation est d'une grande exactitude et raconte les événements depuis l'introduction de la réforme de S¹-Maur jusqu'en 1754. Il existe des copies assez nombreuses de ces mémoires, dont une qui a été revue et augmentée en 1852 par le savant abbé Carisme. Voy. la notice sur D. Jouvelin [t. I, p. 302, et PORÉE, *Histoire du Bec*, II, 442-443].

19. *Notes sur les chanceliers de France* par un bénédictin, formant le n⁰ 18346 du fonds latin de la Bibl. nat. de Paris ; c'est un ms. du XVII⁰ s.

Je fais suivre ces annotations de M. Wilhelm de l'indication d'une série de pièces, qu'il avait réunies et que j'ai consultées jadis à Colmar.

Recueil de quatre pièces :

1⁰ *Défense du R. P. Dom Grégoire Tarisse*, supérieur général de la Congrégation de S¹-Maur contre les fausses imputations des Faronites ... Paris, 55 pp. 4⁰ [L'auteur est D. Cl. Maur Jourdain, v. TASSIN, 51].

2⁰ *Apologie des Constitutions de la Congrégation de S¹-Maur*, 4⁰, 121 pp. par M. de la Croix. [du même auteur, en réponse à un mémoire de Dom Faure, v. TASSIN, 793.]

3⁰ *Réclamation des religieux bénédictins du monastère des Blancs-Manteaux contre la Requête des Religieux de Saint-Germain-des-Prés*, 68 pp. ; serait de Dom Deforis, voir D. TASSIN, 764.

4⁰ *Requête au Roi* (des Religieux de S¹-Germain), 6 pp. 4⁰ [BM.]

Lettre à son Altesse royale Madame l'abbesse de Chelles, 6 pp. in-4⁰, s. l. n. d. par D. Denis de Sainte-Marthe (TASSIN, 461-462).

Remontrances adressées aux RR. PP. Supérieurs de la Congrégation de S¹-Maur assemblez pour la tenuë du chapitre général de

1733, 10 pp. 4º, s. l. n. d. (de D. Charles-François Toustain ; v. TASSIN, 705).

Mémoires sur les supériorités dans la Congrégation de Saint-Maur, 50 pp. 4º. Paris, Lambert, 1763, signé : Lemerre, L'Herminier, Cochin, Mey.

Arrest de la Cour de Parlement du 8 avril 1763, 4 pp. 4º [BM.]

Lettre à tous les Supérieurs de la Congrégation de St-Maur de la part du chapitre général. Marmoutier, le 28 mai 1763, 3 pp. 4º [BM.]

Lettre d'un religieux bénédictin de la congrégation de Saint-Maur sur les observations suivantes, 10 nov. 1764.

Observations sur une pièce à quatre colonnes intitulée : Parallèle du régime actuel de la congrégation de Saint-Maur, 24 pp. in-4º, — [L'auteur du *Parallèle* est D. de Massanes (voir plus haut t. II, p. 72]. Cet opuscule est suivi d'une Lettre D. De Massanes, St-Chinian 25 octobre 1764.

Mémoire en réponse pour Dom Joseph Delrue, supérieur général, D. Philippe Le Bel visiteur de la province de Toulouse, et Dom Jacques Cruveillier, prieur du monastère de St-André-les-Avignon, intimés.
Contre Dom Jean Faure et ses adhérans appellans comme d'abus, 120 pp., in-4º, Toulouse, Dalles, 1765 ; *Supplément*, 1 page [BM.]

Relation abrégée de ce qui s'est passé au Parlement de Toulouse par rapport à la Triennalité en 1764, 1 f. [Voir t. I, p. 389-390].

Lettre de D. Delrue, 3 juillet 1765.

Observations sur la lettre circulaire du T. R. P. Général du 6 août 1765. 4 pp. 4º.

Réfutation de la requête présentée au Roi par quelques-uns des religieux de l'abbaye de St-Germain-des-Prés, ensemble des observations qui accompagnent cette requeste [par D. Benoît Vinceans, voir plus haut, t. II, p. 272.] 27 pp. 4º.

Remontrances de Mr l'archevêque de Paris au Roi au sujet des contestations survenues dans la Congrégation de St-Maur. 1764, 4 pp. 4º.

Mémoire adressé aux Révérends Pères de la Congrégation de S. Maur députés au Chapitre général extraordinaire qui doit se tenir par ordre du Roi dans son abbaye de Saint-Denis, le 24 avril 1766, par plusieurs religieux de la même Congrégation, Province de Toulouse. 16 pp. 4°.

Lettre de Dom xxx *à un religieux de l'abbaye royale de St-Denis,* signé F.-H. Angely. 7 pp. 4° (relative à l'assemblée du 24 avril 1766).

Observations à Messieurs les Commissaires nommés par Sa Majesté pour examiner les appels comme d'abus interjettés par quelques religieux de la Congrégation de Saint-Maur. 4 pp. 4° [Étant donné que l'auteur dit que la Congrégation existe depuis plus de 130 ans, il y a lieu de croire que ce document se rapporte à l'Assemblée de 1766 ; se trouve à Maredsous.]

Avis important à tous les supérieurs de la Congrégation de St-Maur. Signé Théodore Lucas. 1 fol. [1766.]

Observations sur les conclusions de la requête des appellans par un religieux de la Congrégation de St-Maur ; suivies de la *Lettre de Dom XXX à un religieux de l'abbaye royale de St-Denis* signée F***. 33 pp. 4° [B. N.]

Lettre de D. Delrue, 15 mai 1766.

Arrest du Conseil d'Etat du Roi...... du 6 juillet 1766. Paris. Imp. royale, 1766, 16 pp. 4° [BM.]

Edit du roi concernant les ordres religieux. Versailles, mars 1768.

Pièces relatives au Bureau de littérature (par D. Boudier, 1767).

Pratique criminelle canonique pour la Congrégation de St Maur. Paris, le 4 may 1673. 94 pp. + 2 pp. n. n. in-12.

Processionale monasticum pro omnibus sub regula S. B. militantibus. Paris, Collombat, 1719, in-8° [la 1re édition, 1649, fut publiée sous D. G. Tarisse.]

Regula S. P. Benedicti et constitutiones congregationis S. Mauri. Paris, Desprez, 1770, in-8° [édition par D. Maur Jourdain.]

Messe grecque en l'honneur de S. Denys. Paris, Lottin, 1777, in-8º.

Regula Sᵐᵗ *P. Benedicti cum declarationibus congregationis S. Mauri.* 1646, in-8º [édition publiée sous D. G. Tarisse.]

Ordo perpetuus divini officii. Dijon, 1758, 1759 [La préface est signée F. P. H., D. Pierre Hébrard, voir plus haut t. I, p. 279].)

Questions proposées aux XIV capitulans du prétendu chapitre général des Bénédictins tenu dans l'abbaye de Marmoutier en 1733 pour servir de Supplément au Mémoire joint aux remontrances au Roy sur la nullité de ce prétendu chapitre, 14 oct. 1734. 8 pp. 4º (voir LE CERF, *H. C.,* 270).

Mémoire à consulter et consultation pour les religieux bénédictins de l'abbaye royale de S. Germain-des-Prés, 228 pp. + 1 p. errata, 4º, Paris, Chenault, 1769 [Consultation d'avocat sous l'inspiration de Dom Delrue (LAMA, II. 574) ; se trouve aussi à la Bibl. de Maredsous.]

Mémoire à consulter et consultation pour les religieux bénédictins du monastère des Blancs-Manteaux en réponse au mémoire de quelques religieux de l'abbaye de Sᵗ-Germain-des-Prés. Paris, Deprez, 1769, 19 pp. 4º (consultation d'avocat).

[La Bibl. de Maredsous possède : *Second mémoire à consulter et consultation pour les religieux bénédictins de l'abbaye royale de Saint-Germain-des-Prés contre six religieux du monastère des Blancs-Manteaux.* Paris, Chenault, 1769, 26 pp. 4º.]

Règles du collège royal de Thoissey en Dombes confié aux religieux bénédictins de la congrégation de Sᵗ-Maur par lettres patentes enregistrées au Parlement le 13 février 1769. Lyon, Perisse, 1770, 8 pp. 4º.

Lettre d'un théologien aux RR. PP. Bénédictins des congrégations de Sᵗ-Maur et de Sᵗ-Vanne pour les exhorter à continuer de défendre le christianisme renversé par la Constitution Unigenitus du pape Clément XI. 1721. 14 pp. 4º [Œuvre de D. Rivet, voir LE CERF, *H. C.,* 58-59.]

Réponse à une lettre que le R. P. Thibault, supérieur général de la

Congrégation de St-Maur a écrite à un de ses religieux, pour l'engager à accepter la bulle Unigenitus, 1 avril 1727, 11 pp. 4°.

Lettre circulaire de Dom Thibault, supérieur général de la Congrégation de St-Maur à tous les Prieurs de la dite Congrégation, 6 pp. 4° [5 avril 1727] ; Ed. avec notes d'un appelant (v. LE CERF ,H. C., 97 ; BM.; voir plus haut t. II, p. 236].

Mémoire sur les moyens de rétablir l'ordre et la paix dans la Congrégation de St-Maur. 13 ff. petit in-folio. — Ms. écrit après 1781, avant le chapitre de mars 1784.

Mémoire et consultation pour le régime actuel de la Congrégation de St-Maur contre les appellans comme d'abus des élections faites au Chapitre de l'abbaye de St-Denis en MDCCLXXXIII. Paris, Demonville, 1783, 32 pp. 4° (se trouve aussi à Maredsous).

Très humbles et très respectueuses représentations du Supérieur général de la Congrégation de St-Maur et de ses deux assistants au Roi (c. a. d. D. Mousso, D. Bourdon et D. J. Brunet), de juin 1783, 28 pp. 4°. — [Une note ms. porte : Arrêt de Conseil de juillet 1783 qui supprime ces représentations comme injurieuses et attentatoires à l'autorité roïale ; se trouve aussi à Maredsous].

Mémoire à consulter et consultation au sujet du chapitre général de la Congrégation de St-Maur. 52 pp. 4°, Paris, Grangé, 1783.

Mémoire pour la Congrégation de St-Maur présenté à l'Assemblée du Clergé. 27 pp. 4°. (1783).

Réflexions et consultations sur les effets funestes de la conduite odieuse et tyrannique des Intrus, par l'Assemblée de Saint-Denis, dans les Supériorités et offices de la Congrégation de S. Maur, 53 pp. 4°, Paris, Jorry, 1784.

Adresse des Bénédictins de la Congrégation de St-Maur à l'Assemblée nationale. Paris, Machuel, 1790. 8 pp. 4°.

LETTRES CIRCULAIRES :

1. De D'Achery et Mabillon à propos des *Acta Sanctorum.* Paris prid. cal. mart. 1667.

2. De Mabillon, Paris 28 janvier 1702, pour les *Annales O. S. B.*

3. De D. J. Mège pour l'Histoire de la congrégation de S. Maur, 16 déc. 1671.

RECUEIL DE THÈSES :

1. D. O. M. Omnis veri auctori *Conclusiones philosophicae* Divione, Michard, 1708, 4°, 12 pp. Thèses soutenues à St-Bénigne en juillet.

2. D. O. M. *Conclusiones philosophicae.* Parisiis, Garnier, 1719, 8 pp. 8° ; à St-Denis 22 août.

3. Summe Veraci Deo *Conclusiones philosophicae.* Bourges, Boyer 1713 ; à St-Sulpice 8 et 13 jul. 1713, 8 pp. 4°.

4. D. O. M. *Conclusiones theologicae de sacramentis in genere et eucharistia.* Paris, Muguet 1711 ; à St-Denis 23 avril 1711.

5. Deo optimo maximo *ex tractatu de locis theologicis conclusiones selectas* dant, dicant, consecrant monachi benedictini e cong. S. Mauri (St-Etienne de Caen, 8 juillet 1738), 11 pp. 4°, Caen, Poisson (1).

La Bibliothèque de Maredsous possède :

Exercices publics des élèves de l'Ecole royale militaire de Soreze, tenue par les religieux bénédictins de la Congrégation de Saint-Maur. A Carcassonne, R. Heirisson, 1776, in-4° de 96 pp.

Exercices publics... dédiés à Monsieur, frère du Roy. A Carcassonne, R. Heirisson, 1777, in 4°, 92 + 4 pp.

Exercices publics ... A Carcassonne, R. Heirisson, 1778, in 4 88 + 4 pp.

(1) Dans une lettre à Gattola, Montfaucon signale un *Tumulus Philosophiae Sophisticae in thesibus San Dionysianis* composé pour réfuter un libelle des Jésuites de Paris : *Tumulus Theologiae Scholasticae in thesibus Sandionysianis* (ETTINGER, 91).

Exercices publics... dédiés à Monseigneur Philippe de Noailles, duc de Mouchy... A Carcassonne, Heirisson, 1779, in-4° de 96 + 4 pp.

Exercices publics... A Carcassonne, R. Heirisson, 1780, in-4° de 100 + 4 pp.

Exercices publics... A Carcassonne, R. Heirisson, 1787, in-4° de 106 + 4 pp.

Discours d'un de messieurs de Grand'Chambre à la cour du Parlement toutes les chambres assemblées, au sujet d'un Ecrit anonyme contre le Régime de la Congrégation de Saint Maur, 25 janvier 1763, 15 pp. in-4°.

Mémoire pour Dom Joseph Delrue, Supérieur général de la Cong. de St-Maur, intimé, contre Dom Jean Faure, Frère Denis-Emmanuel-Marie Limairac et consors, appellans comme d'abus. Bordeaux, Labothière, 1764, 31 pp. 4°.

Mémoire pour Dom Joseph Delrue, Supérieur général de la Cong. de St-Maur, intimé, contre Dom Jean Faure, Dom Denis-Emmanuel-Marie Lymeirac et consors, appellans comme d'abus. Paris, M. Lambert, 1764, 120 pp. 4°.

Extrait des délibérations capitulaires du Monastère de N. D. de la Daurade à Toulouse, 28 juin 1765, 7 pp. 4°.

Lettre des Bénédictins de la province de Bourgogne, du 15 mars 1727, œuvre de D. Gomaut (v. TASSIN, p. 530).

Consultation en réponse à deux Imprimés intitulés : Mémoire à consulter et consultation, au sujet du Chapitre général de la Congrégation de Saint-Maur, assemblé à St-Denis, au mois de Septembre 1783, en date du 17 janvier dernier ; l'autre : Réponse à la Consultation de M. Piales, du 10 janvier 1783. Paris, Jorry, 1784, 42 pp. 4°.

Plan d'institution pour les candidats, novices et jeunes profès de la Congrégation de Saint-Maur. Paris, Pierres, 1789, 33 pp. 4°.

J'ai noté : *Inventaire du Trésor de St-Denys, où sont déclarées brièvement les pièces suivant l'ordre des armoires dans lesquelles on les fait voir.* Paris, 1714, in-12, de 16 p.

Description historique des reliques et des monuments remarquables qui sont dans l'église de l'abbaye royale de Saint-Corneille de Compiègne. Paris, 1770, in-18 (DE MARSY, *Bibliothèque Compiégnoise,* n.° 140, p. 39).

II

LISTE DES ANONYMES MENTIONNÉS DANS LE NOUVEAU SUPPLÉ-
MENT. (1)

Abbé (L') commendataire (v. Delfau et Gerberon).

Abrégé historique de la vie de S. Maur. s. l. 1750 (D. Ch. Tail-
landier).

Alphabetum Tironianum, Paris, 1747 (D. P. Carpentier).

Analyse d'une nouvelle physique. Poitiers, 1785 (D. J. Chardé).

Antichristus, 1666, ms. (D. Jean-Phil. Oudin).

Apologie des prêtres mariés. Paris, an VI (D. Jolyclerc).

Archombrotus et Theopompus. Leyde, 1689 (D. G. Bugnot).

Art de la peinture. Clermont-Ferrand, 1810, 1827 (D. A. Rabany).

Art de vérifier les dates (D. Maur Dantine.)

Articles extraits du Plan d'études, 1766 (D. Cl. Rousseau).

Au Roi. Paris, 1775 (D. Devienne).

Aux âmes sensibles. Paris, s. d. (D. F. Ph. Gourdin).

Aventures (Les) de Pomponius, 1724, 1728 (Frère Labadie).

Aventures du chevalier de Lorémi. Paris, 1770 (D. A. J. Ansart).

Bajazet détrôné, pièce de D. Fr. Rousseau.

Bonheur (Le) de la France. Paris, 1790 (D. Devienne).

(1) Les auteurs réels ou présumés sont indiqués entre parenthèses ( ) :
il faut donc se référer à leurs notices respectives.

Borbonis (D. G. Bugnot).

Calomnie (La) repoussée. s. l. n. d. (D. Lorain).

Campanomanie (La), 1769, ms. (D. A. Fournier).

Caresme (Le) bénédictin, ms. (D. Marc Bastide).

Cas de conscience sur la Commission établie pour réformer les corps réguliers. Paris, 1767 (D. Clémencet ?)

Catalogue des livres à imprimer. Paris, 1654 (D. L. d'Achery).

Catalogue des livres composant la bibliothèque de la Cour de Cassation. Paris, 1819 (D. P. J. Le Breton).

Catéchisme de la perfection religieuse monastique pour les novices, ms. (D. G. Ferrand).

Catholicon français ou plaintes de deux chartreux, 1686 (D. Gerberon).

Choix (Du) des livres de piété et de religion, ms. (D. Fr. Lamy).

Clytandre (1688), tragédie de D. P. Vaullegeard.

Cochon (Le) mitré. 1689 (de la Bretonnière).

Conciliation (La), ms. (D. Devienne).

Concordantia Regulae S. Benedicti (v. t. II, p. 33-34).

Conduite (La) des confesseurs dans le sacrement de la Pénitence. Toulouse, 1690 (D. Christ. Tachon).

Considérations philosophiques sur l'action de l'orateur. Caen, 1775 (D. Fr. Gourdin).

Cour (La) du collège (D. Fr. Ferlus).

Couronne (La) impériale de la mère de Dieu, ms. (D. Marcellin Ferry).

Cours complet et suivi de botanique. Lyon, an III (D. Jolyclerc).

Cri (Le) de la raison. Paris, 1790 (D. Devienne).

Critique des annales de Calais, 1715, ms. (D. Th. Ducrocq).

Défense (La) des censures du pape Innocent XI. Cologne, 1690 (D. Gerberon).

Défense du beau sexe. Amsterdam, 1753. (D. Caffiaux).

Dictionnaire alphabétique et chronologique de la noblesse (D. Bévy).

Dictionnaire de la langue limousine, ms. (D. Léonard Duclou).

Dictionnaire ecclésiastique et canonique portatif. Paris, 1765. (D. J. Fr. de Brézillac).

Dictionnaire iconologique. Paris, 1756 (Honoré de Prézel ; voir notice sur D. Pernetty).

Dictionnaire portatif de peinture. Paris, 1757 (D. Pernetty).

Discours sur la gloire. Clermont, an XI (D. Rabany).

Discours sur les avantages qui résultent de la culture des talents et des lettres. Guéret, 1807 (D. Rabany).

Discussion critique et théologique des remarques de M... sur le Dictionnaire de Moreri de 1718. Orléans, 1720 (D. Fr. Méry).

Dissertatio de advocatis defensoribus et vice dominis vulgo a-voués, défenseurs et vidames, 1654, ms. (D. Ph. Bastide).

Dissertation sur les cliens, soldats, ms. (D. Ch. J. Bévv).

Dissertation sur l'origine de l'imprimerie. Paris, 1775 (D. G. Imbert).

Dissertation sur Mercure. Rouen, 1791 (D. Fr. Gourdin).

Dix-huit Fructidor, ses causes et ses effets. Hambourg, 1799 (D. Gallais).

Doctrine des exercices, ms. (D. Mart. Le Poitevin).

Droit des chapitres généraux de la Congrégation de S. Mau Nancy, 1739 (D. Fr. Louvart).

Droits (Les) de la charité vengés. Avignon, 1759 (D. P. Labat).

Eclaircissements de plusieurs points de l'histoire ancienne de France. Paris, 1774 (D. Maur Jourdain).

Eloge des Normands. Paris, 1748 (D. Le Cerf).

Entretiens d'une dame de qualité sur les modes du siècle, 1736 (D. Ant. Guyard).

Entretiens spirituels en forme de prières sur le livre de Job, ms. (D. Simon Maillefer ?)

Etat de la France. Paris, 1749 (D. de Bar, D. Pradier, D. Jalabert).

Evêque(L') de cour (D. Delfau, D. Guérard, D. Pinet ?, voir t. II, 149).

Examen général de tous les états et conditions. Paris, 1711 (D. Gerberon).

Excellence et grandeurs de S. Remy, ms. (D. M. Ferry).

Exercices spirituels pour la vie purgative, ms. (D. Cl. Bretagne).

Exposé des motifs qui ont déterminé l'adresse ci-jointe, 1789. (D. Gallais).

Exposition de la doctrine de l'Église sur les vertus chrétiennes. s. l. 1775 (D. Deforis).

Fanatisme de l'église de Tournay, ms. (D. N. Jamart).

Flammes eucharistiques, ms. (D. Ath. de Mongin).

France (La) régénérée par Etats généraux, s. l. n. d. (D. Devienne).

Généalogie de la maison de la Tour de Lauraguais, ms. (D. Caffiaux ?)

Généalogie de la maison Le Roux d'Esneval, ms. (L. Bulteau).

Gnomonique ou traité des cadrans solaires, ms. (H. F. Morin).

Hagiologion gallicanum, ms. (D. Estiennot).

Histoire abrégée de la paix de l'Église. Mons, 1698 (D. Gerberon ? Quesnel ? Sainte-Marthe ?)

Histoire de l'abbaye... de Jumièges. (D. Sim. Dubusc).

Histoire de la Sainte Chapelle de N. D. de Vassivière. Clermont, 1688 (D. Cladière).

Histoire de l'homme considéré dans ses mœurs. Paris, 1779 (D. Ach. J. B. Fournier).

Histoire du culte et du pèlerinage de Sainte Reine d'Alise. Avignon, 1757 (D. Ant. Guyard).

Histoire générale de France d'après les principes qui ont opéré la Révolution (D. Devienne).

Histoire persanne extraite d'un manuscrit arabe. Paris, 1789 (D. Gallais).

Histoire récente pour servir de preuve à la vérité du Purgatoire. Orléans, 1665 (Etienne Bugnot).

Homme (L') sensible, 1766 (D. Fr. Gourdin).

Idea religiosi in scriptis divi Bernardi adumbrata, ms. (D. Sim. Bougis).

Idées réfléchies sur la Commission de réformation des Réguliers (J. B. Huet).

Immolation (De l') de N. S. J. C. dans le sacrifice de la messe. (D. Labat).

Instruction sur les fondements, la vérité et l'importance de la Religion. Paris, 1828 (D. Ch. Dumoitiez).

Lettre à Mr F. au sujet de l'écrit intitulé : Nouvelles observations, 1733 (D. Léauté).

Lettre à M. l'abbé (Mey) soi-disant de l'ordre des minimes, 1781 (D. Labat).

Lettre au R. P. Le Courayer sur son traité de l'ordination des Anglais. Paris, 1726 (D. U. Le Blanc).

Lettre d'Eusèbe Philalèthe. Liége, 1753, 1757 (D. Clémencet).

Lettre d'un religieux bénédictin de la congrégation de S. Maur à un magistrat sur la triennalité. 1762 (D. Limairac ?)

Lettre du doge de la république des Apistes (D. Clémencet).

Lettres d'un religieux à son supérieur-général sur la réforme des communautés religieuses. 1767, 1768 (voir t. I, p. 387).

Lettres sur la religion. Avignon, 1757 (D. Devienne).

Livre (Le) d'Esther, ms. (D. Jean Loysel).

Ludovici Aurelii ducis postea regis... XII vita, ms. (D. N. Barthélemy, de la Cong. de St-Vanne).

Manuel des supérieurs ecclésiastiques et réguliers. Paris, 1776 (D. Ansart).

Manuel du religieux intérieur. ms. (D. Ath. de Mongin).

Manuel religieux ou recueil de considérations. Paris, 1783 (D. Cl. Ant. Turpin).

Marchand (Le) de nouveautés. 1789 (D. Gallais).

Mauvaise (La) chance ou le petit bossu (D. Lièble).

Méditations sur la Passion de N. S., ms. (D. Marc Bastide).

Méditations sur le prologue de la S. Règle pour la vie purgative et illuminative, ms. (D. Cl. Bretagne).

Mélanges bibliographiques ou catalogue et description de livres choisis, ms. (D. J. J. Abrassart).

Mémoire, s. l. n. d., impr. Greffier, 1790 (D. Devienne).

Mémoire composé par M. le Maréchal de Noailles à l'occasion de la minorité en 1715, ms. (D. G. Aubrée).

Mémoire historique sur les grands fiefs en France, 1791 (D. d'Olive).

Mémoire pour les religieux bénédictins de la Congrégation de S. Maur appellants comme d'abus des innovations... Saumur, 1765. (D. Ph. G. de Juin).

Mémoire relatif à une Histoire générale... de... Normandie. Rouen, 1760 (D. J. Lenoir).

Mémoires d'un homme de qualité (Prévost).

Mémoires pour servir à l'histoire de France et de Bourgogne. Paris, 1729 (D. G. Aubrée)

Méthode pour se tenir en la présence de Dieu, ms. (D. Gerberon).

Miroir (Le) des prédicateurs où l'on voit la sainteté et les devoirs du prédicateur. Toulouse, 1684 (D. Chr. Tachon).

Modèles de l'héroïsme et des vertus militaires. Paris, 1780 (D. P. P. Labbé).

Morale (La) des Jésuites. 1681, in-12 (D. Gerberon).

Neuvaine (La) de Saint Remy en juin 1757 (D. P. Chastelain),

Nos après-dînées à la campagne. Rouen, 1772 (D. Fr. Gourdin).

Nostradamus. Comédie (par D. Et. Mauger).

Nouveau plan d'études, 1766. (D. Cl. Rousseau).

Nouvelle méthode pour apprendre à lire et à écrire correctement la langue française. Paris, 1782, 1793 (D. Devienne).

7

Observations de religieux bénédictins de la cong. de S. Maur sur la motion de M. Treilhard, ms. (L. Ch.).

Observations d'un théologien sur l'éloge de Fénelon. Amsterdam, 1771 (D. Fr. Gourdin)..

Observations importantes de l'auteur du Salut de la France. S. l. n. d. (D. Devienne).

Observations sur la description historique de la ville de Bordeaux par Pallandre, 1785 (D. Carrière).

Observations sur les deux lettres adressées à un supérieur-général. Avignon, 1768 (D. Lièble).

Observations sur une pièce à 4 colonnes intitulée : Parallèle du Régime actuel... après ou en 1765 (D. O' Sullivan).

Officium pro festis omnium Sanctorum O. S. Benedicti, 1680, ms. (D. Grég. Bodin).

Oraison funèbre de Fr. Egon de Furstenberg, évêque de Strasbourg, 1682 (D. M. Gourdin).

Oraison funèbre de ... Marie Louise de Bourbon, reine d'Espagne. Bruxelles, 1689 (D. M. Gourdin).

Oraison funèbre de Mgr le Dauphin. Compiègne, 1766 (D. J. B. Huet).

Oraisons funèbres de feu messire François-Loaisel. Rennes, 1670 (D. Jul. Raguideau).

Ordo perpetuus divini officii. Dijon, 1758 (D. P. Hébrard)

Origine (L'), le gouvernement et la législation des Français, ms. (D. Bévy.)

Parvulus tractatus pro sacerdotibus, 1628, ms. (D. d'Achery).

Patriotisme chrétien, 1791 (D. Ferlus).

Petit office pour honorer la sainte Larme de Vendôme. Paris, 1656 (D. M. Brachet, D. Bernardin Bruneau ?)

Pétition du citoyen. (D. Devienne)

Plan d'éducation et les moyens de l'exécuter. Bordeaux, 1770 (D. Devienne).

Plan de réforme motivé présenté aux Etats-généraux 1788-1790, 3 vol. (D. Devienne).

Pouillé général des bénéfices de France, ms. (D. J. Huynes).

Pour et contre (Prévost).

Précis analytique du procès intenté à la province de Languedoc par les États de Provence concernant le Rhône. Paris, 1771 (D. Bourotte).

Premier essai de mes voyages. 1790 (D. Gallais).

Prières du soir, ms. (D. B. Gouget).

Prières qui se disent dans les monastères des religieuses bénédictines de la Cong. du Calvaire pour les religieuses agonisantes. Poitiers, 1704 (D. Ch. Conrade).

Princes (Les) grecs, 1713, tragédie (D. P. Vaullegeard).

Principes d'horlogerie, ms. (D. H. F. Morin).

Principes généraux et raisonnés de l'art oratoire Paris, 1785 (D. Fr. Gourdin).

Projet d'éducation nationale. 1791 (D. Ferlus).

Projet de l'histoire de Languedoc. s. l. n. d., 1720 (D. Ant. G. Marcland).

Projet d'une institution nationale présentée aux États généraux par la municipalité de Bourgueil. Saumur, 1789. (D. Gallais).

Promenade à Royat. Clermont, s. d. (D. Rabany).

Promenades (Les) de Province, 1789 (D. Gallais).

Prospectus de l'histoire des conciles de la métropole de Reims. (D. J. B. Antoine).

Prospectus de l'histoire des grands fiefs... de Bourgogne. Dijon, 1781 (D. Z. Merle).

Prospectus pour l'histoire ancienne et moderne de la province de Guienne. ... 1765 (D. J. B. de St-Julien).

Questions proposées à tous les religieux bénédictins de la Congrégation de St Maur par le Bureau de littérature. 1767 (D. Cl. Rousseau).

Ramast (Le) des délices monastiques (v. Cornette).

Recherches historiques sur les États généraux et particulièrement sur l'origine et la durée des États provinciaux d'Auvergne. Clermont-Ferrand, 1788 (D. M. Fr. Verdier de la Tour, avec Bergier).

Recherches sur le pays des anciens Morins, ms. (D. Th. Ducrocq).

Recherches sur les anciennes monnaies du comté de Bourgogne. Paris, 1782. (D. U. Plancher).

Recueil d'hommes illustres, ms. (D. Boudier).

Recueil d'instructions et d'amusements littéraires, ms. (D. J. M. Roux).

Reflets (Les) de la sagesse ou de la lumière des siècles. Paris, 1815. (Ch. D. Petit).

Réflexions ascétiques, 1670, ms. (C., Louis).

Réflexions chrétiennes sur la règle de S. Benoît, 1713, ms. (D. J. B. Bonnaud).

Réflexions politiques et intéressantes sur la régie du temporel des bénéfices consistoriaux, 1738 (D. A. Guyard).

Réfutation de la requête présentée au roi par quelques-uns des religieux de l'abbaye de St-Germain-des-Prés. S. l. n. d., vers 1765 (D. B. Vinceans).

Relation de ce qui s'est passé en la procession générale et extraordinaire où on a porté le corps de S. Remy durant cinq jours
consécutifs en la ville de Reims, pour demander à Dieu d'estre
délivrée de la peste dont elle estoit frappée. Reims, Nicolas Pottier,
1668, 36 pp. (Archives départ. de la Marne à Reims. G. 334 ; *Inventaire*, t. II, p. 407).

Relation du passage des Anglais au Guildo et à Matignon, 1758
(D. Le Mercier).

Remontrances adressées aux RR. PP. Supérieurs, 1733 (D.E.
Perreau).

Réponse à l'avis de l'auteur du Traité de la prière publique.
Paris, 1708 (D. F. Lamy).

Réponse de l'historien du Languedoc aux journalistes de Trévoux. S. l. n. d. (D. J. Vaissète).

Réponses aux raisons des chanoines-réguliers, ms. (D. L. d'Achery).

Sanctorum (De) canonizatione, ms. (D. J. Jessenet).

Sainteté (De la) et des devoirs d'un prédicateur évangélique.
Paris, 1685 (D. Chr. Tachon).

Second fragment d'une lettre à M. L. 1789 (D. Gallais).

Seconde lettre d'un religieux bénédictin sur la triennalité. 1762
(D. Limairac ?)

Sensibilité (La). Clermont-Ferrand, 1813 (D. Rabany).

Sentimens d'une âme pénitente, Sentimens d'une âme qui re-
tourne à Dieu (Mme Dunoyer) (v. D. L. Pisant).

Songe du Vergier (v. D. Phil. Billouet).

Synopsis praecipuarum rationum ex diversis tractatibus (D.
Eust. d'Achery).

Tableau de la ci-devant province d'Auvergne. Clermont, an IX,
1802 (D. Rabany).

Tables généalogiques des Empereurs, rois et autres souverains (D. L. Hollande).

Thrésor (Le) ou abrégé de l'histoire... de Fécamp. Fécamp, 1893 (D. G. Le Hule).

Tractatus de incarnatione Christi, ms. (D. Fr. Gesvres).

Traduction (De la) considérée comme un moyen d'apprendre une langue étrangère. Rouen, 1789 (D. Fr. Gourdin).

Traité de la célébration de la Pâque, 1666, ms. (D. Ath. Dormay).

Traité de la circulation des esprits animaux. Paris, 1684. (D. N. P. Jamet).

Très-humbles Remontrances. Paris, 1731 (D. E. Perreau).

Triple (La) couronne de S. Joseph, ms. (D. M. Ferry).

Triple (La) couronne du Verbe incarné, ms. (D. M. Ferry).

Tullius christianus (D. J. Martianay).

Veillée (La) des fêtes de Vénus. Paris, 1792. (D. Rabany).

Vie d'Anne de Pichery, ms. (D. Gilles Jamin).

Vie de demoiselle Anne-Charlotte Bourjot, épouse de M. Quatremère l'aîné. Paris, 1791 (D. Labat).

Vie de Marguerite de Mesples, première directrice des filles orphelines de la ville de Saint-Paul. Toulouse, 1691 (D. Chr. Tachon).

Vie (La) de S. Basle (Reims), 1777 (D. Saulnier).

Vie (La) de S. Maixent. St-Maixent, 1866. (D. Fr. Bon. Vallée).

Vie (La) de S. Valentin, évêque de Terny, Rouen, 1696 (D. Fr. Tixier).

Vie de S. Valery et histoire de l'abbaye, ms. (D. J. B. de Boulogne).

Vie de Sœur Agnès de Jésus, 1647, ms. (D. Jacques Boyer).

Vie du P. Chevreteau, ermite près de Monthard en Bourgogne, ms. (D. J. Ballivet).

Vie des abbés et religieux de l'abbaye de Fontenelle, ms. (D. El. Ben. Bonnefons).

Vieillard (Le) insensé, 1691, pièce de D. Fr. Rousseau.

Vindiciae praedestinationis et gratiae (Mauguin, D. Robert Quatremaire).

ANNEXE

LISTE DES RELIGIEUX ACTUELLEMENT OCCUPÉS AUX SCIENCES ET AUX LETTRES (1769).

1. *D. Baubens*, pour l'histoire de Guienne ; — il a abandonné ce travail qui est continué par D. Devienne.

2. *D. Bedos*, à St-Denis, pour la facture de l'orgue ; très bon artiste et pour la théorie et pour la pratique.

3. *D. Berthereau*, au Recueil des Historiens de France pour la partie des Croisades ; — à St-Germain des Prés, excellent travailleur avec un goût et un succès décidé pour les langues orientales.

4. *D. Bourotte* continue l'histoire du Languedoc de D. Vaissette ; — à St-Germain-des-Prés, écrivain très capable, exact et assidu, fort goûté des États du Languedoc.

5. *D. de Brésillac*, à l'histoire des Gaules et des conquêtes des Gaulois ; — à St-Germain-des-Prés. C'est en 1754 qu'il publia l'ouvrage de D. J. Martin, son oncle. On ne voit rien depuis.

6. *D. Bugnâtre*. Prieur des Blancs-Manteaux, l'histoire de la ville de Laon et du Laonnais.

7. *D. Caffiaux*. Histoire générale de Picardie ; — à St-Germain-des-Prés. C'est un travailleur infatigable et un des meilleurs généalogistes du royaume.

8. *D. Castel*, à Rennes, pour l'édition de Phocius. Il est de Toulouse et il a beaucoup d'esprit et de facilité ; mais assez inconstant ; il a changé plusieurs fois d'entreprise et tout quitté enfin.

9. *D. Clémencet*, aux Blancs-Manteaux, chargé de finir l'édition de S. Grégoire de Nazianze, préparée par D. Prudent Maran ; — doué de la plus grande facilité dans plus d'un genre de littérature ; il a prodigieusement écrit.

10. *D. Clément*, aux Blancs-Manteaux, chargé de l'Histoire littéraire de la France ; — sans difficulté un des plus scavans hommes, grand travailleur, très exact.

11. *D. de Coniac*, aux Blancs-Manteaux, pour une nouvelle édition des Conciles des Gaules avec D. Deforis ; — D. Deforis a quitté les Conciles pour s'occuper de l'édition des ouvrages de M. Bossuet.

12. *D. Col,* archiviste pour le Roi et chargé de l'histoire du Limousin.

13. *D. Deschamps* à l'histoire d'Auvergne.

14. *D. Julien de Dieu* à l'histoire d'Anjou, Maine et Touraine ; — à St-Germain des Prés, beaucoup d'esprit, de facilité, est capable de plusieurs genres de sciences, entr'autres pour la prédication.

15. *D. Fonteneau,* histoire du Poitou.

16. *D. Fournier,* bibliothécaire à St-Nicaise de Reims.

17. *D. Grenier,* archiviste du Roi, associé à D. Caffiaux pour l'histoire de la Picardie ; — à St-Germain des Prés, fort assidu au travail.

18. *D. J. B. Haudiquer,* prieur de St-Médard de Soissons, homme savant qui a travaillé plusieurs années, tant aux Blancs-Manteaux qu'à St-Germain des Prés ; — *D. Charles Haudiquer,* son frère, est à St Germain des Prés, où il continue l'Histoire de Bourgogne ; il serait meilleur prieur que littérateur.

19. *D. Henry* continue le *Gallia christiana* ; — à St-Germain des Prés, homme d'esprit et très agréable.

20. *D. Jourdain,* homme très scavant et véritablement fait pour s'occuper des sciences ; — à St-Germain des Prés, assistant du général.

21. *D. Labbé* a commencé d'imprimer l'histoire des plus illustres capitaines pour les élèves de l'École militaire ; — aux Blancs-Manteaux, homme d'esprit mûr et réfléchi.

22. *D. Liébls,* bibliothécaire à St-Germain des Prés, travaille à la Notice de l'ancienne France. Il a de grandes connaissances et travaille beaucoup ; — à St-Germain des Prés.

23. *D. Le Noir,* archiviste du Roi, travaille sur l'histoire de la Normandie ; — à St-Germain-des Prés, bon travailleur et très occupé.

24. *D. Palert,* bibliothécaire à St-Germain des Prés, a beaucoup aidé D. Prudent Maran pour l'histoire de S. Grégoire de Nazianze, — à St-Germain des Prés, très scavant dans la langue grecque, de beaucoup d'esprit et d'une bonne critique.

25. *D. Poirier* travaille au recueil des Historiens de France ; — à St-Germain des Prés. Il a une vaste érudition et travaille prodigieusement.

26. *D. Précieux,* chargé de continuer le recueil des Historiens de France, dont il prépare avec ses collègues le 12e tome ; — à St-Germain des Prés. Il était ci-devant occupé à l'Histoire du Berry.

27. *D. Rousseau* chargé de l'Histoire de Champagne ; — à St-Germain des Prés. Beaucoup d'esprit et de facilité le mettent dans le cas de faire de bons ouvrages.

28. *D. Tachereau* attaché à D. Henry pour le *Gallia christiana* ; — à St-Germain des Prés, bon travailleur, exact et assidu.

29. *D. Tassin* travaille à l'Histoire littéraire de la Congrégation de S. Maur ; — aux Blancs-Manteaux. Auteur estimable de plusieurs ouvrages et que le travail ne rebute pas malgré son grand âge.

30. *D. Turpin* chargé de l'Histoire du Berry ; — à St-Germain des Prés, esprit net et méthodique, homme d'esprit et travailleur.

31. *D. de Vienne*, l'histoire de Bordeaux et de la Guienne, actuellement à Bordeaux.

32. *D. Vincent*, bibliothécaire à St-Remi de Reims. Les dissertations de sa façon imprimées dans le Journal des scavans prouvent son érudition.

Sujets propres aux sciences et aux lettres :

D. Devaynes
D. Mullet
D. Dollez, minor.
D. Laleu, minor.
D. Pointillon et D. Levac ? surtout pour les langues orientales.
D. Mignot
D. Lalondrelle
D. Legris
D. Carrière
D. Martin, de Gascogne.
D. Maurel
D. Martin Le Febvre
D. Gontard.

Je scais que dans les six provinces il se trouve beaucoup d'autres sujets capables qui pourroient être employés aux sciences et aux lettres. Je ne peux les désigner parce que je ne les connais pas.

Archives Nationales, Paris.
G⁹ 31, 1er dossier, chapitre de 1769.

INDEX DES NOMS DE LIEUX ET DE PERSONNES [1]

A

Abrassart, Jean-Joseph, 1, 2.

Abstinence, II, 30, 236.

Achery, Eustache d', 2.

Achery, Luc d', 2-8, 37, 38, 50, 53, 107, 108, 196, 202, 222, 236, 347, 364, 371 ; II, 9, 13, 20, 23, 47, 86, 87, 134, 218, 226, 276, 277 ; III, 7, 8, 10, 16, 17, 20, 42, 61, 88.

Acta Sanctorum O. S. B., v. Mabillon.

Adalhard (S.), abbé de Corbie, II, 9.

Adam, Antoine, 8.

Adam, Jacques-Calixte, 8 ; II, 162 ; III, 8.

Adrieo, Eleusio, II, 120.

Aérostats, III, 52.

Afflighem, abbaye O. S. B. (Belgique, Brabant) ; correspondance avec les Mauristes, II, 22, 47 ; v. Cambier, Estrix, Van Haeften, Van Hoyvorst.

Affre, Nicolas, 8-9, 79, 149, 237.

Agneaux de Beauvais, Léonard, 9.

Agnès de Jésus, dominicaine. III, 21, 80.

Aguirre, cardinal d'. O. S. B., II, 23, 31, 202.

Aignan (S.), 193.

Aigues-Mortes (France, Gard); histoire, II, 135.

Ailly, Pierre d', cardinal, 266.

Aix (France, Bouches-du-Rhône) ; peste de 1720-1721, 315.

Alamargot, Jacques, 9.

Alaydon, J. B., 10, 147 ; II, 109, 204, 241 ; III, 8-9, 22.

Albret, duc d', II, 213.

Alcuin, œuvres, II, 254, 274 ; III, 63 ; v. Forster.

Alençon (France, Orne) ; généralité, 57 ; duc d', II, 211.

Aleth (France, Bretagne) ; évêché, 399.

Alexandre, Jacques, 10-11, 349 ; II, 238 ; III, 9.

Alexandre, J. B.-Charles, 11-12.

Alexandre, Nicolas, 12.

Allard, Antoine-Urbain, 12-13, 364.

Alliot, Hyacinthe, abbé de Moyenmoutier, II, 22, 23, 205.

Almanachs de Reims, 230, 232 ; II, 182, 273-274.

Almenêches (France, Orne); abbaye de Bénédictines, histoire, 299.

Aloysio, Nic, 142.

Alsace, II, 202 ; limites, II, 38 ; cardinal d', II, 241.

Altieri, Charles, O. S. B., 79.

Alvarade, Antoine d', O. S. B., II, 235.

Hildevert (S.), év. de Meaux, 142.
Hincmar, 323.
Histoire littéraire de la France, 129, 253, 407 ; II, 137, 160, 167, 187-188, 217, 225, 229. v. Rivet.
Historia persecutionis Vandalicae, de Ruinart, II, 201 ;
Historiens des Gaules, recueil des, 58, 74, 75, 80, 122 ; II, 49, 98, 167 ; v. Bouquet.
Hodin, Félix, 282 ; III, 56.
Hollande, Louis, III, 56.
Holoferne, tragédie 1666, par Ste-Marthe ?
Homblières (France, Aisne) ; abbaye O. S. B., histoire, II, 282.
Hommeril, Pierre, 283.
Hostallerie, Ch. Petey de l', 384-385 ; II, 74, 109, 145, 188, 201 ; III, 32, 33, 57, 64, 76.
Hougast, François, 283.
Housseau, Etienne, 17, 251, 283-284, 310 ; II, 186 ; III, 57.
Housset, Richard-Tannegui, 284-285 ; III, 57.
Hoyau, François, 81.
Hoynck van Papendrecht, III, 56.
Huber, K. J., III, 55.
Hubert, Nicolas, 285.
Hue, Vincent, III, 28.
Hué, Pierre, 9, 285.
Hueder, Frédéric, bénédictin des Ecossais à Vienne, II, 63.
Huet, Daniel, 36 ; II, 22, 26, 154.
Huet, Guillaume-Alexandre, 285.
Huet, J.-B., 285 ; III, 57.
Hugues Capet, 76 ; mémoire de D. Poirier, 153, 155.
Humières, madame d', 215.
Hunault, Pierre-Laurent, 286 ; III, 57.
Huret, Jérôme, 286.
Huynes, Martin-Jean, 95, 106,

286-288, 372-373 ; II, 92 ; III, 57-58.

I

Idées, origine des, II, 164.
Illuminés d'Avignon, II, 142.
Imbert, Guillaume, 288 ; III, 58.
Imitation de J.-C. ; controverse, 7, 69-70, 191, 245, 319-320 ; II, 1, 13, 119-120, 146, 170, 199, 241.
Immunités ecclésiastiques, 333.
Incarnation, III, 51.
Indiculus asceticorum, II, 183 ; v. Achery, Remi.
Ignace (S.) d'Antioche, travail de D. D. de Ste-Marthe, II, 210-211.
Inèse, Th., II, 203.
Inguimbert, Etienne-Anselme, 288-289.
Inguimbert, Malachie d', év. de Carpentras, 330 ; II, 40, 81 ; III, 74.
Innocent XII, II, 202.
Innocent XIII, II, 17.
Irénée (S.), œuvres, II, 74.
Irrebert, Jean, III, 58.
Isard de Villefort, Charles d', 289.
Isidore de Séville (S.) ; manuscrits 328-329 ; édition, III, 35.
Issoire (France, Puy-de-Dôme) ; abbaye O. S. B., 104.
Ivry (France, Eure) ; abbaye O. S. B., histoire 48.

J

Jacquemart, surnom de D. Jacques Martin.

Juvencus, édition, III, 69.

K

Karents (Allemagne), abbaye O. S. B., dioc. de Verden, II, 155.
Kerveguen, de, 399.
Kirtaden, Mgr de, év. d'Ossery, II. 198.
Kraus, J. B., O. S. B., de St-Emmeran de Ratisbonne, 154; II, 257.
Kumbli, Jérôme, O. S. B., moine de Myri, II, 120.

L

L., J., 305 (= Loysel, Jean), III, 61.
Labadie, 305-306; II, 168.
La Barre, v. Barre.
Labat, Pierre-Daniel, 75, 77, 78, 79, 85, 120, 130, 141, 252-253, 306-310; II, 132, 157.
Labbat, Pierre-Joseph, 310; III, 61.
Labbé, Pierre-Paul, 310-311; III. 105.
Laberthonière, P., œuvres, 76, 77, 79.
La Bigne, Émilien de, 311; III. 7, 61.
La Blanche, Jean-François, 311.
La Broue, Silvestre de, 312; II. 187.
La Boulaye, J.-B.-Romain, 311.
Lacaze, Paul, 312.
Laceron, Pierre-Jean, 312-313.
La Chapelle, Jacques, 276.
La Chassaigne, Jean-Martial de. 313.
La Chèze, François, III, 8.

Lacodre, Gabriel de, 313.
Lacombe, Jean-Jos., 314.
La Coste, Louis-Maurice de, 314.
Lacroix, Charles, 314.
Lacroix, Guillaume, 314; v. Croix.
La Croze, v. Veyssière.
Lactance, œuvres, 369.
Laderchi, II, 21.
La Faye, v. Faye.
Lafayette, marquis de, II, 265.
Laffilé, Ambroise, 315; III, 61.
La Forcade, Guillaume-Louis, 315; II, 158.
La Forest, v. Pihan.
Lagny (France, Seine-et-Marne); abbaye O. S. B., histoire, 104-105; III, 27-28.
Laisné, Jacques, 315.
Laleu, J. B., 316.
Laleu, minor, III, 106.
La Londe, Romain de, 316, 335; II, 109.
Lalondrelle, Claude-Louis, 316; III. 61-62, 106.
Lalondrelle, J. B., 316; III, 61-62.
Lambelinot, Nicolas, 317.
Lambert, Nicolas-Jérôme, 317.
Lambert, René, 317; II. 237.
Lamée, Pierre-Adrien, 317-318.
La Monnoye, Bernard de, II, 3, 111, 195.
Lamothe, Odon de, 134, 318; III. 32, 62.
Lamoureux, J. B., 319.
Lamy, François de, 264, 319-323; II. 22, 26, 63; III, 62-63.
Lamy, Jean-Robert, 323.
Lamy, Jean-Marie-Félix, 323.
Lamy, Louis, 323.
Lancé (France, Loir-et-Cher); prieuré de Marmoutier, II, 167.
Lancelot, Jean-Charles, 323-324; III, 63, 69.

Moricé, abbé de, au Mans, 239.
Monceaux d'Auxy, Guy d'Hanvoile, II, 95.
Monceaux d'Auxy, Benoît, II, 95.
Mongé, Jean-L.-Pierre de, II, 95-96.
Mongé, Pierre, II, 96.
Mongin, Athanase de, II, 96-97.
Moniot, Denis, II, 125.
Moniot, Jean, II, 97.
Monnaies de France, 324.
Monnier, Hilarion, O. S. B., de la cong. de St-Vanne, II, 21, 22, 27, 203, 204; III, 74.
Monniotte, Pierre-Fr., 33; II, 97-98.
Monophysisme, II, 269.
Monsigot, F. X. de, O. S. B., II, 98 n.
Monsire, Jean, II, 98.
Montagne, André, 34; II, 98.
Montauban (France, Tarn-et-Garonne); abbaye de St-Théodard, histoire, II, 248.
Montbrison (France, Loire); égl. coll. de N. D., III, 44.
Mont-Cassin (Italie); abbaye O. S. B., correspondance avec les Mauristes, II, 21, 203; v. Gattola.
Montety, Pierre, 79; II, 98.
Montfaucon, Bernard de, 20, 22, 24, 58, 87, 97, 163, 207, 208; 216, 272, 273, 342, 350-351, 362, 375, 384, 390, 401; II, 16, 21, 22, 25, 27, 34, 64, 68, 76, 90, 97, 99-116, 140, 161, 162, 170, 178, 222, 231, 239, 246, 268; III, 9, 11, 23, 28, 29, 38, 41, 66, 76; — voyages, 83; sépulture, 78; portrait, II, 101; — *Antiquité expliquée*, II, 103-104; *Bibliotheca Coisliniana*, II, 101; — *Bibliotheca bibliothecarum*, II, 105, 115; *Diarium italicum*, 327; II, 99, 101-103, 108, 111; — éd de S. Jean-Chrysostôme, II, 106-107; — *Monuments de la monarchie*, II, 103, 109, 111, 115; *Palaeographia graeca*, II, 101, 105, 108, 111.
Montfaucon, Emmanuel de, II, 112.
Montgeron, M. de, II, 160, 161, 237; III, 56.
Montiéramey (France, Aube); abbaye O. S. B., cérémonial, II, 50.
Montierneuf à Poitiers (France, Vienne); abbaye O. S. B., II, 258; III, 47.
Montigny-le-Franc (France, Aisne), II, 258.
Montluçon (France, Allier); collège, 100.
Montmajour (France, Bouches-du-Rhône); abbaye O. S. B., III, 74; histoire 105, 108; II, 227; III, 28, 43.
Montpensier, duc de, 2.
Montpié de Negré, César-Jos., II, 116.
Montreuil-sur-mer (France, Pas-de-Calais); abbaye de St-Saulve O. S. B., histoire 54-55, 156, 263; — v. Ste-Austreberte.
Mont-St-Michel (France, Manche); abbaye O. S. B., histoire 95, 286, 287, 297, 372, 373; II, 149, 171, 224; III, 26, 57; manuscrits, 286.
Mont-St-Quentin (France, Somme); abbaye O. S. B., histoire, 361.
Montserrat (Espagne, Catalogne); abbaye O. S. B., II, 94, 234; v. Cisneros.
Monuments antiques, II, 82, 105.
Monuments de la monarchie française, v. Montfaucon.

II, 29 ; — cardinal, archevêque de
Paris, 22 ; II, 17, 21, 40 ; — maréchal de, 20-21 ; — ambassades
de, II, 141.

Noaillé (France, Vienne) : abbaye
O. S. B., histoire 118, 206-
207, 224 ; II, 128 ; III, 44, 47.

Noel, J.-B., II, 128-129.

Noel, Nicolas, II, 129.

Nogent-sous-Coucy (France, Aisne);
histoire 132, 133.

Noiset, Nicolas, II, 129.

Nolson, Claude, II, 129.

Noris, Henri, O. S. Aug., II,
28.

Normandie (France); histoire 155,
191, 257, 367-368 ; III, 26, 67 ; —
conciles, 282 ; — abbayes, II,
246 ; — tabellionage royal II,
229.

Nostreau, Thomas, II, 129-130.

Nouaillé, v. Noaillé.

Novoy, Louis-Alophe, II, 130 ;
III, 73.

Noyers (France, Indre-et-Loire) ;
abbaye O. S. B., histoire, II,
167.

Noyon (France, Oise) : abbaye de
St-Eloi, histoire 51 ; manuscrits,
II, 88.

Nully, Etienne de, chan. de Beauvais, 235 ; II, 22, 25, 130, 203 ;
III, 46.

Nully, de, aîné, III, 14.

Nursie (Italie), 222.

O

Obelin, Fr.-Pierre, II, 130.

Officia sanctorum, 134.

Olibares, Alonso, O. S. B., II.
119.

Olier, Mr, III, 80.

Olive, Denis d', 252 ; II, 131-133,
272.

Olivier, André, II, 133.

Olivier, Nicolas-Louis, II, 133-134.

Optat (S.), év. d'Auxerre, 73.

Oraison mentale, II, 180, 249,
258.

Oratoire de Paris, manuscrits, II,
156.

Orbais (France, Marne) ; abbaye
O. S. B., histoire 70, 103 ; II,
52.

Ordinations anglicanes, II, 74.

Ordination douteuse à Chartres,
II, 237-238.

Ordo de la cong. de S.-Maur, 317.

Orgues, II, 97-98 ; III, 13.

Orientales, langues, II, 232, 244 ;
v. Hébreu.

Origène, œuvres, 330, 331 ; II,
189, 240 ; III, 74 : — Hexaples,
II, 102, 108.

Orléans (France, Loiret) ; histoire
212 ; écrivains, 248 ; — abbaye
de Bonne-Nouvelle, bibliothèque
45, 50, 146, 212 ; II, 34, 90.

Orléans, Antoinette d', fondatrice
du Calvaire, 371 ; Louise-Adél.
d', abbesse de Chelles, 16 ; Philippe, duc d', II, 238.

Ormesson, d', II, 156.

Ornesan, maison d', II, 102.

Orval (Belgique, prov. Luxem-
bourg) ; abbaye O. Cist., II, 54 ;
v. Henrion.

Osmont, libraire, II, 167.

O'Sullivan, Etienne, II, 72, 134.

Ottoboni, cardinal, II, 3.

Oudin, Fr., S. J., II, 51.

Oudin, Jean-Philibert, II, 134.

Oudin, Toussaint, 135, 329 : II,
134-135 ; III, 81.

P

Reichenberger, Willibald, O. S. B.,
II, 120.

Reims (France, Marne) ; diocèse,
II, 219 ; archevêque, Ch. Ant.
de la Roche-Aymon, II, 197 ;
en 1790, II, 260 ; conciles, 16 ; —
abbayes, 323 ; — abbaye de
St-Nicaise O. S. B., histoire,
61, 104, 111, 112, 153, 341 ; mss.
et bibliothèque, 306, 408 ; II,
199, 274 ; — abbaye de St-Remi
O. S. B., histoire 55, 72, 73,
111-112, 149, 202, 282, 376,
380 ; II, 94, 205, 223 ; III, 32 ;
manuscrits, III, 16 ; nécrologe,
II, 274 ; chapiteaux du cloître,
II, 274 ; neuvaine de 1757,
III, 28 ; procession de 1668,
III, 27 ; inscription tombale,
III, 76 ; — abbaye de St-Thierry
O. S. B., II, 55 ; histoire III,
32 ; — couvent de Ste-Claire,
histoire, 111, 149 ; hôpital de
S. Marcoul, II, 6 ; — almanachs,
230, 232 ; II, 182, 273-274 ; plan,
144.

Reine (Ste) d'Alise, 196, 273, 331,
332 ; II, 214 ; office, II, 251-
253, 276.

Reliques (Stes), office, II, 253.

Remi (S.), 219 ; vie, II, 113 ; châsse,
13 ; II, 249 ; III, 31.

Remi d'Auxerre, 123.

Remi, Jacques, 3 ; II, 183 ; III, 7.

Remiremont (France, Vosges) ; chapitre noble, histoire, 197 ; II,
10, 28, 53, 146-147.

Remusat, comte de, II, 128.

Renard, André, II, 183.

René, duc de Lorraine, 19-20.

Renier, Louis-Emmanuel, II, 183-
184.

Rennes (France, Ille-et-Vilaine) ;
abbaye de St-Melaine O. S. B.,
III, 70.

Renouard, Pierre, bibliothécaire du
Mans, II, 184.

Réole, La, (France, Basses-Pyré-
nées) ; abbaye de St-Pierre O. S.
B., histoire, 178 ; II, 80, 220.

Réome, v. Moutier-St-Jean.

Rethel (France, Ardennes) ; comtes
de, 82.

Retz, cardinal de, II, 233.

Retz, François de, II, 184-185.

Reynier, J. B., II, 184.

Riant, François, II, 185.

Ribadeneyra, S. J., II, 235.

Ribemont, v. St-Nicolas-des-Prés.

Richard, Cyprien, III, 8, 21, 23.

Riccobaldi, Romuald (pseudonyme de P. Al. Maffei), 327 ; II,
102-103.

Richebraque, Nicolas, II, 185.

Richelieu, II, 227 ; cabinet d'antiques, II, 105.

Richer, Pierre, II, 185.

Riencourt, de, doyen d'Amiens,
II, 25.

Rivard, Laurent-Marc, II, 185-186.

Rive, abbé, II, 138.

Rivery, Ant.-Paul de, II, 186.

Rivet, Antoine, 97, 98, 131, 172,
234, 283, 312, 363, 390, 394, 408 ;
II, 80, 137, 160, 161, 167, 186-
189, 225, 231, 240 ; III, 31,
73-74, 87.

Rivière, J.-B.-Robert de la, 329.

Rivière, Louis de la, 329.

Rivière, abbé, 346.

Robard, J. B., II, 189.

Robe sans couture, v. Argenteuil.

Robert (S.) de la Chaise-Dieu,
office, 355-356 ; II, 253.

Robert (S.) de Molesme, 63, 226 ;
office, II, 253.

Rupert, abbé de Deutz, œuvres, 244.

S

Saas, abbé, II, 229, 230.
Sabatier, Jean, II, 206.
Sabatier, Pierre, 408 ; II, 116-117, 206-207.
Sacrement (S.), 319 ; v. Eucharistie.
Saint-Acheul (France, Somme), II, 29, 30.
Saint-Allais, de, 122.
Saint-Amand (France, Nord) ; abbaye O. S. B., mss., II, 19.
St-André, de, 192, 193.
St-André-lez-Avignon, (France, Gard) ; abbaye O. S. B., histoire, 318.
Saint-Basle (France, Marne) ; abbaye O. S. B., histoire 370 ; II, 217.
Saint-Benoît-sur-Loire ou Fleury (France, Loiret); abbaye O. S. B., histoire, 113-115, 294, 372, 373 ; II, 42, 275 ; III, 25, 43 ; bibliothèque, 113, 114 ; châsse de S. Benoît, II, 252 ; pierre tombale, II, 127.
Saint-Bertin à St-Omer (France, Pas-de-Calais) ; abbaye O. S. B., histoire, 363 ; v. de Witte.
Saint-Blaise (Allemagne, Bade); abbaye O. S. B., II, 62 ; v. Gerbert, Neugart.
Saint-Brieuc (France, Côtes du Nord) ; descente des Anglais en 1758, 293 ; III, 59, 66.
Saint-Christophe en Touraine, (France, Indre-et-Loire) ; prieuré, histoire, 287.

Saint-Claude (France, Jura), II, 4.
Saint-Crespin, v. Soissons.
Saint-Cyran (France, Indre) ; abbaye O. S. B., 131.
Saint-Denis (France, Seine) ; abbaye O. S. B., histoire, 75, 76, 77, 78, 215 ; II, 37, 148, 153, 187, 243 ; III, 46 ; archives, II, 239 ; cérémonial 152 ; II, 235 ; nécrologe, II, 176-177 ; thèses, III, 89 ; trésor, III, 90 ; sépultures, II, 156-157 ; chapitre de 1766, III, 86, 88 ; procession, 225 ; II, 177 ; — Carmélites, II, 250 ; — curé, v. Verneuil.
Saint-Denis-en-Broqueroie (Belgique, Hainaut) ; abbaye O. S. B., III, 17-18 ; v. Mynsbrugghe, Vast.
Saint-Evroult (France, Orne) ; abbaye O. S. B., histoire II, 108, 195 ; offices 383 ; manuscrits 35, 36.
Saint-Fiacre en Brie (France, Seine-et-Marne) ; prieuré, histoire II, 176, 177.
Saint-Florent-lez-Saumur (France, Maine-et-Loire) ; abbaye O. S. B., histoire 287-288 ; II, 233 ; III, 42, 58.
Saint-Florentin, M. de, III, 55.
Saint-Gall (Suisse); abbaye O. S. B., v. Kumbli, Muller, Schenk.
Saint-Genou de l'Estrée (France, Indre), III, 43.
Saint-Gérard (Belgique, prov. Namur) ; abbaye O. S. B., 263 ; II, 74-75 ; v. Massart, Pesteau.
Saint-Germain, sieur de, pseudonyme de Gerberon, 243.
Saint-Germain-des-Prés à Paris ; abbaye O. S. B., histoire 13, 60, 61, 118, 222, 246, 281, 387 ;

TABLE DES MATIÈRES

www.ingramcontent.com/pod-product-compliance
Ingram Content Group UK Ltd.
Pitfield, Milton Keynes, MK11 3LW, UK
UKHW022036070726
13613UKWH00002B/543